ENGLISCH SIMULTAN

ENGLISCH SIMULTAN

Hören – Verstehen – Sprechen

Intensiv-Sprachkurs mit deutscher Simultanübersetzung

von
Prof. Ludwig Steiner
und
Dr. Isolde Steiner

Autoren: Prof. Ludwig Steiner und Dr. Isolde Steiner
Gesamtherstellung: HONOS Verlag, Köln

ISBN 3-8299-9725-6

Einführung

Mit ENGLISCH SIMULTAN lernen Sie Englisch vor allem durch Hören, Verstehen und Sprechen, denn auf den Tonträgern werden Sie durch Hinweise, Erklärungen und Übersetzungen Schritt für Schritt durch den Kurs begleitet. Unsere Moderatorin gibt Ihnen die Sicherheit, dass Sie kontrolliert und effektiv lernen. Das Buch kann Ihnen dabei helfen, muss aber nicht zwingend parallel dazu gelesen werden.

Die Moderatorin hält an vielen Stellen mehr Informationen als das Buch für Sie bereit – und dies im lockeren Plauderton –, denn was man hört, lernt man leichter. Grammatikalische Schwierigkeiten überwinden Sie leichter, wenn sie Ihnen im direkten Kontakt erklärt werden.

Damit Sie mit Freude dabeibleiben – das Lernen der Weltsprache Englisch in der Freizeit soll ja auch Spaß machen –, spricht Sie unsere Moderatorin auch direkt an, vor allem am Ende und am Anfang einer Unit. Wir sind sicher, Sie kommen damit zurecht, auch wenn diese populären Sprachwendungen nicht alle im Buch aufgeführt sind.

In diesem Buch finden Sie natürlich alle Gespräche und Sprechtrainings auf Englisch und deren zeilengleiche deutsche Übersetzung, zusätzlich Erklärungen zur englischen Sprache und zu den neuen Vokabeln ein Wörterverzeichnis. Wenn Sie Englisch in Wort und Schrift lernen wollen, ist es nützlich, dass Sie nachlesen, was Sie durch Hören und Sprechen bereits gelernt haben. Vor allem wenn es um sprachliche Probleme geht, die mit der Schreibweise zusammenhängen, sollten Sie das Buch als Hilfe nutzen.

Hinweisen möchten wir Sie noch auf die übersichtliche Zusammenstellung der Grundgrammatik im Anhang und die vielen Tests zu den einzelnen Dialogen.

Erfolgreich lernen mit ENGLISCH SIMULTAN

HÖRTRAINING DIREKT (zuhören)

Konzentrieren Sie sich beim HÖRTRAINING DIREKT (nur auf Englisch ohne deutsche Übersetzung) ganz auf das Klangbild und das hörmäßige Erfassen des Gesprächs. Hören Sie sich dieses immer wieder an, bis Sie in der Lage sind, die englischen Laute nachzusprechen.

Unsere Moderatorin gibt sich alle Mühe, damit Sie, liebe Zuhörer, lernen, die englischen Laute und Ausdrücke zu verstehen und nachzusprechen.

HÖRTRAINING SIMULTAN (verstehen – übersetzen)

Mit Hilfe der Simultanübersetzung sollen Sie lernen, den englischen Gesprächstext zu verstehen. Prägen Sie sich anhand der leicht verständlichen Erklärungen zu Grammatik und Sprachgebrauch die englischen Wörter, Ausdrücke und Redewendungen ein.

SPRECHSETS SIMULTAN UND DIREKT (zuhören und nachsprechen)

Auf jeden Satz folgt eine Pause, in der Sie nachsprechen sollen. Ahmen Sie dabei Ihre englischen Freunde Susan und Peter so gut nach, wie es Ihnen möglich ist. Übertreiben Sie ruhig ein bisschen! Machen Sie diese Übungen mehrmals und beachten Sie immer wieder die Hinweise unserer Moderatorin zur Aussprache.

Sie erleichtern Ihre Sprechübungen, wenn Sie wissen, wie die einzelnen Laute gebildet werden. Als besondere Aussprachehilfe ist Unit 6 gedacht. Hier finden Sie eine Zusammenstellung auch im deutschen Sprachgebrauch bekannter englischer Ausdrücke, nach Lautgruppen geordnet.

SPRECHSETS DIREKT (eine Sprechrolle übernehmen)

Wenn Sie schon weiter fortgeschritten sind, dann können Sie in vielen Fällen die Nachsprechpause dazu nutzen, eine gestellte Frage selbstständig zu beantworten.

Hierzu ein Beispiel:

Sie hören die Frage:	→	*What would you like, please?*
Sie antworten in der Nachsprechpause:	→	*A cup of coffee, please.*
Sie hören die richtige Antwort:	→	*A cup of coffee, please.*

Inhaltsverzeichnis

CD 3 oder Kassette 3 A-Seite: Unit 29–36/B-Seite: Unit 37–43

CD 4 oder Kassette 4 A-Seite: Unit 44–51/B-Seite: Unit 52–60

Anhang

Hello, ladies and gentlemen!

ENGLISCH SIMULTAN – Englisch zum Hören, Trainieren und Mitsprechen mit deutscher Simultanübersetzung. Englisch speziell für aktive Leute, die viel unterwegs sind und nicht immer das Lern- und Übungsbuch zur Hand haben! Englisch im Flug sozusagen – oder im Auto –, also überall und jederzeit!

Wir freuen uns, dass Sie mit uns Englisch lernen wollen, und begrüßen Sie ganz herzlich! Schon beim ersten Gespräch werden Sie merken, wie einfach es ist, mit unserer **Simultanmethode** zu lernen: Susan and Peter sprechen Ihnen Satz für Satz vor und Sie, *dear listeners*, sprechen sofort mit. Meist können Sie sich auch direkt am Gespräch beteiligen.

Damit Sie auch ohne Übungsbuch lernen können, übersetze ich für Sie simultan ins Deutsche. Außerdem gebe ich Ihnen alle nötigen Erklärungen und führe Sie – sozusagen als Ihre Privatlehrerin – durch die englische Sprache.

Ohne viel Zeit und Mühe und vor allem **ohne Vorkenntnisse** erwerben Sie Grundwortschatz und typische Redewendungen der englischen Umgangssprache.

Wir führen Sie durch 60 Units, die in der Regel ein **Eingangsgespräch aus dem täglichen Leben, ein Sprechtraining zum Nach- oder Mitsprechen** und **ein Wörterverzeichnis mit vielen Erläuterungen** enthalten.

Meist hören Sie das Eingangsgespräch zweimal: einmal nur auf Englisch, damit Sie in die Fremdsprache ‚eintauchen' können, und einmal mit simultaner deutscher Übersetzung und Erklärungen zur englischen Sprache unter dem Motto: **Hörtraining simultan.**

Bleibt uns nur noch, Ihnen viel Spaß und Erfolg zu wünschen!

Let's go and good luck! **Dann also los und viel Glück!**

Zuerst ein kurzes Einleitungsgespräch, das Sie sich nur anhören sollen:

Hello!

Hello Susan! Hello Peter! Hello! Hello everybody!

Hi! Good morning! Good morning, Mike!

Good morning, Susan! Welcome to London! Hello Margaret!

Welcome! Welcome to Great Britain! Welcome to London!

Please listen!

- Hello listeners!
- Hello everybody!

- Hello!
- Let's speak English.
- Let's speak English together.
- Yes, let's speak English!
- Let's begin.

Bitte hören Sie zu!

- Hallo, *(liebe)* Zuhörer!
- Hallo, *(jedermann)* alle zusammen!
- Hallo!
- Sprechen wir Englisch.
- Sprechen wir zusammen Englisch.
- Ja, sprechen wir Englisch!
- Fangen wir an.

Unit one

Over London

Gespräch 1

Über London

Wir nehmen an, Ihr Flugzeug hat London erreicht und die Stewardess gibt Ihnen die üblichen Anweisungen. Damit Sie sich an den Klang des Englischen gewöhnen, sollen Sie sich das 1. und 2. Gespräch zunächst ***nur anhören.*** *Wenn Sie später wiederholen, dann sollen Sie auch mitsprechen.*
Das erste Gespräch hören Sie zum besseren Einhören zweimal.

Please listen!

Ladies and gentlemen!
In a few minutes we'll be at
Heathrow Airport.
Please fasten your seat belts and
stop smoking!

Bitte hören Sie zu!

Meine Damen und Herren!
In ein paar Minuten werden wir auf
dem Flughafen Heathrow landen.
Bitte anschnallen *(befestigen Sie Ihre Sitzgurte)*
und das Rauchen einstellen!
(stoppen Sie das Rauchen)

Die Stewardess gibt auch noch einen kurzen Wetterbericht:

The weather today: bright and warm.
I wish you a pleasant stay in
Great Britain.

Das Wetter heute: heiter und warm.
Ich wünsche Ihnen einen angenehmen
Aufenthalt in Großbritannien.

Listen again, please!

Hören Sie nochmals zu!

Unit two

Gespräch 2

Your passport, please!

Ihren Pass, bitte!

Und schon landet das Flugzeug auf dem großen Flughafen in Heathrow. Zuerst müssen Sie an Pass- und Zollkontrolle vorbei. Hören Sie sich auch dieses Gespräch zunächst nur an.

Please listen!

– Show me your passport, please.
– There you are.
– Is that your suitcase?
– Yes.
– Have you anything to declare?
– No, nothing.
– Have you brought any presents?
– Yes, I've got some presents. I've got two books and some cigarettes.
– How many cigarettes have you got?
– Three boxes.
– Is that all?
– Yes, that's all.
– That's all right then.
– Thank you.
– You may go through.

Vielleicht sagt der Zollbeamte auch:

– Open your case, **please!**

Bitte hören Sie zu!

– Zeigen Sie mir bitte Ihren Pass.
– Hier bitte.
– Ist das Ihr Koffer?
– Ja.
– Haben Sie etwas zu verzollen?
– Nein, nichts.
– Haben Sie Geschenke mitgebracht?
– Ja, ich habe einige Geschenke. Ich habe zwei Bücher und Zigaretten.
– Wie viele Zigaretten haben Sie?
– Drei Schachteln.
– Ist das alles?
– Ja, das ist alles.
– Das geht in Ordnung.
– Danke.
– Sie können (*durch-*)weitergehen.

– Öffnen Sie **bitte** Ihren Koffer!

Listen again, please!

Hören Sie bitte nochmals zu!

Vor den Kontrollen müssen Sie noch diese Schilder beachten:

← Others

↑ EC
European Community

GOODS
to declare

WAREN zu verzollen

Nothing
to declare

NICHTS zu verzollen

Beim Zoll wird also unterschieden zwischen ***EU-Ländern*** *und* ***anderen.***

Erläuterungen

Das wichtige Wörtchen **please** *(bitte) stellt man im Allgemeinen an den Anfang oder das Ende des Satzes.*

Dear friends ...	Liebe Freunde ...
Show me ...!	Zeigen Sie mir ...!
Is that ...?	Ist das ...?
Have you ...?	Haben Sie ...?
I have (I've),	Ich habe ...
I have got	
That's (that is) ...	Das ist ...
How many ...?	Wie viele ...?
box – boxes	Schachtel – Schachteln
cigarette – cigarettes	Zigarette – Zigaretten
some cigarettes	(*einige*) Zigaretten
Open ..., please!	Öffnen Sie bitte ...!
your suitcase (case)	Ihr, Ihren Koffer
is ('s)	ist

Hören Sie sich jetzt das Gespräch nochmals an! Achten Sie dabei ganz besonders auf den ***th****-Laut, der für das Englische so typisch ist! Bald hören Sie darüber mehr.*

Zu Ihrer Information:

Flughafen Gatwick
Der Flughafen ist 30 Minuten vom Bahnhof Victoria in London entfernt. Die Schnellbahn **Gatwick Express** verkehrt am Tag alle 15 Minuten.

Flughafen Heathrow
Hier am größten Flughafen Europas landen Sie, wenn Sie von Deutschland aus mit British Airways oder Lufthansa fliegen. In die Stadt kommen Sie mit der U-Bahn (Untergeschoss) oder mit dem Airbus A 1 und A 2, die vor allen Terminals halten.

Flughafen Stansted
Die Fahrt nach London – *Liverpool Street Railway Station* – dauert 40 Minuten. Der **Stansted Express** verkehrt alle 30 Minuten.

Unit three

Porter!

Gespräch 3

Gepäckträger!

Und schon führen Sie ein kleines Gespräch: Dabei geht es vor allem um das Wörtchen to (zu).

Please listen!

–Porter!
–Yes, miss.
–This case and this bag.

Where to?

To the airport café.

- Well, miss,
  here you are ...
- Just a moment, ... here.
- Thank you, miss.

Bitte hören Sie zu!

- Gepäckträger!
- Ja, Fräulein.*)
- Diesen Koffer und diese Reisetasche.
- Wohin?
- Zum Flughafen-Café.
- Nun, Fräulein,*)
  bitte sehr ... *(da sind Sie)*
- Einen Augenblick bitte, ... hier.
- Danke, Fräulein.*)

Please listen and repeat!

To the	taxi.
To the	bus.
To the	hotel.

Bitte hören Sie zu und sprechen Sie nach!

Zum	Taxi.
Zum	Bus.
Zum	Hotel.

*) Im Englischen gebraucht man gerne die Anrede *miss, madam* oder *sir.* Im Deutschen ist dies nicht üblich. Die Übersetzung dient der Übersichtlichkeit.

Erläuterungen

Das Wörtchen to drückt hier die **Richtung** aus: **zum** Café, **zum** Taxi usw.

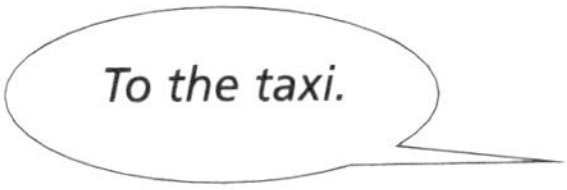

the case – this case	der Koffer – dieser Koffer
the café	das Café
the airport	der Flughafen
thank you	danke (*Ihnen, dir*)
where (to)?	**wo, wohin?**

Wenn **where** in der Bedeutung von „wohin?" allein steht, setzt man zur Verstärkung noch häufig **to** dazu: **where to?**

here you are; there you are	**bitte sehr; hier bitte** (*wörtlich: hier sind Sie*)

Sie sehen an diesem Ausdruck, dass es im Englischen **typische Redewendungen** gibt, die man nicht immer wörtlich übersetzen kann.

Where to? → To the ...	Wohin? → Zum (zur) ...

Achten Sie jetzt besonders auf den th-Laut, der für das Englische so typisch ist:

thank you – thank you ...
this – this – this ...

Please listen again and repeat!

Bitte hören Sie nochmals zu und sprechen Sie nach!

Unit four

Hi!

Wie man sich begrüßt, sollten Sie sofort wissen.

Please listen carefully and repeat!

Hi!
Hello!

Good morning.
Good afternoon.
Good evening.
Good night.

Good night.

Good morning, Susan.
Good afternoon, Susan.
Good evening, Susan.
Good night, Susan.

Goodbye.
Bye.
Goodbye, Peter.
Bye, Susan.

Gespräch 4

Hallo!

Bitte hören Sie aufmerksam zu und sprechen Sie nach!

Hallo!
Hallo!

Guten Morgen.
Guten Tag (Nachmittag).
Guten Abend.
Gute Nacht.

Gute Nacht.

Guten Morgen, Susan.
Guten Tag, Susan.
Guten Abend, Susan.
Gute Nacht, Susan.

Auf Wiedersehen.
Tschüs.
Auf Wiedersehen, Peter.
Tschüs, Susan.

Erläuterungen

Will man beim Grüßen noch den Namen der betreffenden Person hinzufügen – nehmen wir an, sie heißt „Black“ –, dann sagt man:

Mr Black	Herr Black
Miss Black	Fräulein Black
Mrs Black	Frau Black

Fast alle englischen Substantive (Hauptwörter) werden **klein** geschrieben.
Ausnahmen sind Namen (**Peter**), geografische Bezeichnungen (**Great Britain, London**), die Wochentage und Monatsnamen (**Sunday, September**), und – Sie werden es gleich an vielen Beispielen sehen – **I** für „ich“ (**I**, gesprochen ai)

Once again!

Noch einmal!

Unit five

Gespräch 5

Hello, listeners!

Hallo, Zuhörer!

Auf dem Flughafen treffen Sie Ihre englischen Freunde Susan und Peter, die Sie auf Ihrer Reise durch London begleiten werden. Zuerst stellen sie sich Ihnen vor.
Sie sprechen Ihnen jeden Satz klar und deutlich vor. Während der Sprechpausen sollen Sie den englischen Text nachsprechen.
Versuchen Sie schon von Anfang an, Ihre englischen Freunde so gut es geht nachzuahmen. Haben Sie keine Scheu und sprechen Sie gleich mit!

Let's go and good luck!

Dann also los und viel Glück!

Please listen!

Bitte hören Sie zu!

– Hello, listeners!
***I** am Susan.*
***My name** is Susan.*

– Hallo *(Guten Tag)*, Zuhörer!
Ich bin Susan.
Mein Name ist Susan.

*– And **I** am Peter.*
***My name** is Peter.*

– Und ich bin Peter.
Mein Name ist Peter.

– Good morning, listeners!
– Hello, everybody!

– Guten Morgen, *(liebe)* Zuhörer!
– Guten Tag, alle zusammen!

Go on speaking!

My name, my passport,
my suitcase, my case,
my bag.

Sprechen Sie weiter!

Mein Name, mein Pass,
mein Koffer, mein Koffer,
meine Reisetasche.

My name is Peter.	Mein Name ist Peter.	Ich heiße ...
My name is Susan.	Mein Name ist Susan.	
My name is Ann.	Mein Name ist Ann.	
My name is Sandra.	Mein Name ist Sandra.	

Erläuterungen

I (immer groß geschrieben)

I am	ich bin	
my name	**mein** Name	Die Possessivbegleiter (besitzanzeigende Begleitwörter) (hier **my**) sind im Englischen **unveränderlich.**
my bag	**meine** Reisetasche	

Goodbye and good luck!

Tschüs und viel Glück!

Unit six

Gespräch 6

Jeans, pop, teenagers ...

Jeans, Popmusik, Teenager ...

Beispielwörter zur Aussprache
Sie kennen schon viele englische Wörter – damit haben Sie schon eine Grundlage für die Aussprache! Hier eine kleine Auswahl nach Lautgruppen geordnet:

Attention, please!

Achtung, bitte!

Please listen carefully and repeat!

Hören Sie aufmerksam zu und sprechen Sie bitte nach!

Hollywood, Liverpool, swimming pool, cool, cool jazz, pocket book, moonboots, partner look, boom, Boogie-Woogie	oo spricht man meist wie langes u
lady, My Fair Lady, baby, James Bond, Jane, Kate, made in Germany, grapefruit	a am Ende einer Silbe spricht man wie e mit i-Nachschlag
(tennis) racket, badminton, black, caravan, happening, happy, jazz, action, band, fan, gangster, happy birthday	a meist mitten in der Silbe wie ä
beat, jeans, team, striptease, tea, tearoom, bandleader, please	ea spricht man meist wie langes i
teenager, teens, sweet, sweet melody, street, Oxford Street, Fleet Street, weekend, barkeeper, jeep, tweed	ee spricht man ebenfalls wie langes i
pop, pop music, hot, hot music, hot dogs, boss, stop, Bob, Tom, Bobby, hobby, shop, cocktail, Scotch whisky, job, shocking, jogging	o mitten in der Silbe spricht man ganz offen, etwa wie in „Gott“

sound, loudspeaker, countdown, out, discount, Rocky Mountains, Mickey Mouse, house, blackout	**ou** spricht man meist wie au
show, showmaster, peep show, show business	hier spricht man **ow** wie ou (o mit u-Nachschlag)
cowboy, cowgirl, down, countdown, clown	hier spricht man **ow** wie au
Manchester, Charlie Chaplin, cheeseburger, cheap, check	**ch** spricht man wie stimmloses tsch in „Tscheche“
jeep, Jack, jogging, Jimmy, James, Jane, jet, jet set	**j** spricht man wie stimmhaftes dsch

And now relax!

Und nun ruhen Sie sich aus!

Bye-bye!

Tschüs!

Unit seven

Tea or coffee?

Gespräch 7

Tee oder Kaffee?

Nach der Flugreise gönnen Sie sich eine kurze Ruhepause. Sie gehen in ein Café und schon fangen Sie an, Englisch zu sprechen. Peter und Susan helfen Ihnen dabei. Sie hören ihnen zu und sprechen nach. Wir beschäftigen uns dabei mit dem unbestimmten Artikel a *oder* an *für ein (eine).*

Please listen and repeat!

Tea or coffee?

Tea, please.

– A pot?
– Yes, a pot of tea, please.

Bitte hören Sie zu und sprechen Sie nach!

– Tee oder Kaffee?

– Tee, bitte.

– Eine Portion? *(Ein Kännchen)*
– Ja, eine Portion *(von)* Tee, bitte.

Go on speaking!

A beer, please.
A sandwich, please.
A ham sandwich, please.
A tomato sandwich, please.
A pot of tea, please.
A cup of coffee, please.

a/an
ein eine

Sprechen Sie weiter!

Ein Bier, bitte.
Ein Sandwich, bitte.
Ein Schinken-Sandwich, bitte.
Ein Tomaten-Sandwich, bitte.
Eine Portion *(von)* Tee, bitte.
Eine Tasse *(von)* Kaffee, bitte.

Here is an apple.
Here is an umbrella.
Here is an ashtray.
Here is an alarm clock.
Here is an express letter.
Here is an interesting book.

Hier ist ein Apfel.
Hier ist ein Schirm.
Hier ist ein Aschenbecher.
Hier ist ein Wecker.
Hier ist ein Eilbrief.
Hier ist ein interessantes Buch.

Please listen once again!

Bitte hören Sie noch einmal zu!

Erläuterungen

Ein, eine (unbestimmter Artikel/Geschlechtswort) heißt im Englischen **a** oder **an.**
Man nimmt **an** immer dann, wenn das folgende Wort mit einem **gesprochenen Vokal (Selbstlaut)** beginnt: **an apple.**
Zur Aussprache von **a:** wie das End-e des deutschen Wortes „Gabe“, also ein flüchtiger Laut.

And now relax!

Und nun ruhen Sie sich aus!

Bye-bye! And take it easy!

Tschüs! Nehmen Sie's leicht!

Test

a oder an? – Schreiben Sie vor die folgenden Wörter den richtigen unbestimmten Artikel:

. . . apple
. . . umbrella
. . . cup of coffee
. . . alarm clock
. . . express letter
. . . interesting book

. . . beer, please
. . . tomato sandwich
. . . ashtray
. . . sandwich
. . . letter

Kontrollieren Sie Ihre Eintragungen anhand des Textes in Unit 7.

Cassette one: end of side one

Kassette 1: Ende der A-Seite

Unit eight | Gespräch 8

Sorry! | Entschuldigung!

Einige wichtige englische Ausdrücke, die Sie sofort brauchen können, sollten Sie sich schon jetzt einprägen. Natürlich nicht alle auf einmal. Peter und Susan sind geduldige Lehrer. Sie sprechen Ihnen die Wörter und Sätze vor, sooft Sie es wünschen.

Let's go and repeat after me! | Also los! Sprechen Sie mir nach!

Sorry!	Entschuldigung!
Sorry?	Wie bitte? (*Entschuldigung?*)
I'm sorry.	Es tut mir Leid.

yes, no	ja, nein
yes, sir	ja (, der Herr)
no, sir	nein (, der Herr)
please	bitte
Please give me ...	Bitte geben Sie mir ...
I'd like ...	Ich möchte ...
Where is ...?	Wo ist ...?
When?	Wann?
Who?	Wer?
What is ...?	Was ist ...?
What's that?	Was ist das?
How much?	Wie viel?
Thank you.	Danke.

Wenn man Sie fragt, ob Sie noch etwas möchten, dann sagen Sie:

Yes, please.	*oder:*	Ja (bitte).
No, thank you.		Nein (danke).

How much is it, please? — Was kostet es, bitte?
Good! — Gut!
Good idea! — Eine gute Idee!
That's grand! — Das ist großartig!
That's very kind of you. — Das ist sehr nett von Ihnen.

Please listen carefully and repeat!

Bitte hören Sie aufmerksam zu und wiederholen Sie!

Go on speaking!

Sprechen Sie weiter!

Can you recommend me

a **good** hotel?
a **good** restaurant?
a **good** café?
a **good** show?

Können Sie mir ... empfehlen?

ein **gutes** Hotel
ein **gutes** Restaurant
ein **gutes** Café
eine **gute** Show

Aus diesen Beispielen können Sie ersehen, dass die Adjektive (Eigenschaftswörter) im Englischen immer unveränderlich sind!

Erläuterungen

Please listen and repeat!

Bitte hören Sie zu und sprechen Sie nach!

okay (o. k.)	okay, geht in Ordnung
all right (alright)	geht in Ordnung
that's all right	geht in Ordnung (*hier: das macht nichts*)
you're welcome	bitte schön
and	und
or	oder
but	aber
now	jetzt
soon	bald
later	später

Cheers!

Tschüs!

Test

Ergänzen Sie das englische Wort für *gut, gute, gutes*. Die Lösungen vergleichen Sie mit dem obigen Text.

Can you recommend me
a .... hotel?
a .... restaurant?
a .... café?
a .... show?

Schreiben Sie bitte diese Wörter und Sätze auf Englisch:

Wo ist ...? Was ist ...? Was ist das? ______________________________
Ja, bitte. Nein, danke. ______________________________
aber, und, jetzt, bald, gut ______________________________

Es ist natürlich für Sie schwer, schon jetzt diese vielen Wörter schreiben zu müssen. Es genügt daher auch schon, wenn Sie sie abschreiben. In einigen Tagen sollten Sie diese Übung wiederholen. Und noch etwas: Verwechseln Sie diese zwei Wörter nicht: **where** = wo und **who** = wer.

Unit nine

Gespräch 9

In the café

Im Café

Hello, ladies and gentlemen. Here we are again with a new conversation.
Hier sind wir wieder mit einem neuen Gespräch. Dabei geht es um den wichtigen Ausdruck:
What would you like? *(Was möchten Sie? Was möchtest du?)*

Please listen carefully!

– Waiter!
– Good morning.

What would you like?

A cup of coffee, please.

– Here is the coffee.

– Waiter!
– What would you like?
– A cup of tea, please.
– Here is the tea.

– Miss!
– What would you like?
– A beer, please.
– Here's the beer.

– Miss!
– What would you like?
– A lemonade.
– Here's the lemonade.
– Thank you.

Bitte hören Sie aufmerksam zu!

– Kellner!
– Guten Morgen.

Was möchten Sie (bitte)?

– Eine Tasse Kaffee, bitte.

– Hier ist der Kaffee.

– Kellner!
– Was möchten Sie (, bitte)?
– Eine Tasse Tee, bitte.
– Hier ist der Tee.

– Fräulein!
– Was möchten Sie (, bitte)?
– Ein Bier, bitte.
– Hier ist das Bier.

– Fräulein!
– Was möchten Sie (, bitte)?
– Eine Limonade.
– Hier ist die Limonade.
– Danke.

Please listen once again!

Bitte hören Sie noch einmal zu!

Zur Aussprache:

The ist der bestimmte Artikel in Einzahl (Singular) und Mehrzahl (Plural) und heißt der, die, das.

Here is the tea, the beer, the lemonade ...

In *the* (der, die, das) und *thank you* (danke) haben wir in dem **th** einen Laut, den es im Deutschen nicht gibt. Dieser Laut ist aber sehr einfach zu bilden.

Stimmhaftes th (the):
Sprechen Sie zuerst ein stimmhaftes **s** (wie in „Rose"), schieben Sie dann die Zunge nach vorn, bis sie am unteren Rand der oberen Schneidezähne liegt. Der Laut, der dabei entsteht, ist das stimmhafte englische **th.**

Stimmloses th (thank you):
Beginnen Sie mit dem stimmlosen **s** (wie in „Rosse") und verfahren dann wie beim stimmhaften **th.**

Please listen and repeat!

Bitte hören Sie zu und sprechen Sie nach!

the coffee, **the** tea, **the** beer
thank you, **thank** you, **thank** you

Erläuterungen

here's (here is)	hier ist
What would you like?	Was möchten Sie?
a cup [of] coffee	eine Tasse Kaffee
a cup [of] tea	eine Tasse Tee

Im Englischen sagt man also „eine Tasse von Kaffee (Tee)“.

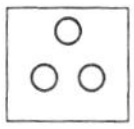

Test

Bilden Sie nun selbst ein Kurzgespräch!
Ordnen Sie dazu die folgenden Sätze.

A pot of tea, please.
What would you like?
Waiter!
Here is the tea.

____
____
____
____

Kontrollieren Sie nun durch Vergleich mit dem oben stehenden Gespräch!

Sagen Sie jetzt bitte auf Englisch:
Was möchten Sie bitte? Eine Tasse Kaffee. Ein Bier, bitte. Eine Limonade, bitte. Hier ist das Bier. Hier ist die Limonade. Danke.

Vergleichen Sie jetzt mit dem vorhergehenden Text.

Unit ten

Gespräch 10

One, two, three ...

Eins, zwei, drei ...

Diese Methode ist so aufgebaut, dass Sie die wichtigsten Wörter zuerst lernen. Die Zahlen gehören dazu:

Please listen and repeat!

one, two, three,
four, five, six,
seven, eight,
nine, ten

Bitte hören Sie zu und sprechen Sie nach!

eins, zwei, drei,
vier, fünf, sechs,
sieben, acht,
neun, zehn

○

Noch einmal!

one, two, three, four, five, six, seven, eight, nine, ten

○

Damit können Sie auch schon einfache ***Zeitangaben*** *machen:*

at one, at two, at three,
at four, at five, at six,
at seven, at eight,
at nine, at ten

um eins, um zwei, um drei,
um vier, um fünf, um sechs,
um sieben, um acht,
um neun, um zehn

○

Once again!

Nochmals!

Once again!

Nochmals!

at one

at two

at three

at four

at five

at six

at seven

at eight

at nine

at ten

Zur Aussprache

Üben Sie wieder mit uns den **th-Laut!** Achten Sie dabei besonders auf das stimmlose **th** in **three:**

Please listen carefully and repeat!

Bitte hören Sie aufmerksam zu und sprechen Sie nach!

thank you, thank you, thank you
three, three, three

Go on speaking!

Sprechen Sie weiter!

Nachdem Sie sich die Zahlen von 1 bis 10 mehrmals angehört haben, sollen Sie versuchen, sie frei aufzusagen.

That's all for today.

Das wär's für heute.

Bye-bye!

Tschüs!

Unit eleven / Gespräch 11

How much is that? / Wie viel macht das?

Sie deuten auf etwas und fragen die Verkäuferin nach dem Preis.

Please listen and repeat!

– That is one pound.
– That is two / three / four / five / six / seven / eight / nine / ten pounds.

– There you are.
– Thank you. Goodbye!

Bitte hören Sie zu und sprechen Sie nach!

– Das macht ein / zwei / drei / vier / fünf / sechs / sieben / acht / neun / zehn Pfund.

– Hier bitte.
– Danke (*Ihnen*). Auf Wiedersehen!

Erläuterungen

one pound, two pounds, three pounds

So einfach ist es also, im Englischen die **Mehrzahl (Plural) der Substantive (Hauptwörter)** zu bilden: In den meisten Fällen hängt man an das Substantiv ein s an:
one pound – two pounds
one apple – three apples
one cup of coffee – five cups of coffee

there you are	hier bitte (*da sind Sie*)
that is	das macht (*das ist*)

Go on speaking!

Sprechen Sie weiter!

Das Pfund (£) ist in hundert Pence (p) eingeteilt. Eine Preisangabe sieht so aus: **£ 6.10 = six pounds, ten pence.** *Man macht also einen Punkt, um* **pounds** *von* **pence** *zu trennen.*

Hören Sie zu und versuchen Sie, Susan nachzusprechen.

Please listen and repeat!

Bitte hören Sie zu und sprechen Sie nach!

£ 4^{99} *£ 9^{95}* *£ 2^{49}*

48 *p*
1 Litre Bottle

74 *p*
440 g Pack

£ = pound(s)
p = pence

Und nicht übersehen:
p (für pence) **steht hinter** der Zahl und £ (für pounds) **davor.**

Außer Geldscheinen in den üblichen Werten gibt es auch **Münzen zu 1 p, 2 p, 5 p, 10 p, 20 p, 50 p und £ 1.** *Die 50-p-Münze ist siebeneckig, die 20-p-Münze ebenfalls.*

Unit 11

Zur Aussprache:

An vielen Wörtern – wie *apple, like, lemonade, please, one, five, nine* – haben Sie gesehen, dass man **das End-e** im Englischen im Allgemeinen nicht spricht.

Cheers! Tschüs!

Test

1 Schreiben Sie weiter!
That is one pound, two pounds, ...
.... ten pounds

2 Sagen Sie die Zahlen von eins bis zehn vorwärts und rückwärts.

3 Hören Sie sich die Preisangaben an und schreiben Sie diese nach Diktat nieder, ohne in das Buch zu schauen.

Unit twelve

Taxi!

Gespräch 12

Taxi!

Die U-Bahn (the underground) *hat Sie ins Stadtzentrum gebracht. Um in Ihr Hotel zu kommen, rufen Sie ein Taxi. Einige Zielpunkte, die Sie später benötigen, haben wir hier gleich hinzugefügt.*

Please listen and repeat!

- Where to, please?
- To Southway Hotel.
  Piccadilly Circus.
  Trafalgar Square.
  Oxford Street.
  Oxford Circus.
  the British Museum.
  the railway station.
  the airport.

- How much is that?
- That's seven pounds forty-five pence.
- There you are.
- Thank you very much.

Bitte hören Sie zu und sprechen Sie nach!

- Wohin, bitte?
- Zum (Zur) Southway Hotel.
  Piccadilly Circus.
  Trafalgar Square.
  Oxford Street.
  Oxford Circus.
  Britischen Museum.
  Bahnhof.
  Flughafen.

- Wie viel macht das?
- Das macht sieben Pfund fünfundvierzig Pence.
- Hier bitte.
- Vielen Dank.

Go on speaking! / Sprechen Sie weiter!

Beachten Sie:

Piccadilly Circus	der Piccadilly-Platz
Trafalgar Square	der Trafalgar-Platz
Oxford Street	die Oxford-Straße
Regent Street	die Regent-Straße
Hyde Park	der Hyde Park
the British Museum	das Britische Museum
the Houses of Parliament	das Parlamentsgebäude
the Tower	der Tower

Achten Sie besonders darauf, dass einige dieser Londoner Namen **mit,** andere wieder **ohne** den bestimmten Artikel gebraucht werden.

Bei *Circus* handelt es sich um einen runden, bei *Square* um einen viereckigen Platz.

FOR HIRE	FREI *(wörtlich: zu mieten)*
How much?	Wie viel?
How much is that?	Wie viel macht *(ist)* das?
one pound, two pounds, three pounds	ein Pfund, zwei Pfund, drei Pfund

Frage:
Where to, please?

Antwort:
To ...

Test

Versuchen Sie nun, den Eingangsdialog aus den folgenden Sätzen zusammenzustellen!

To the British Museum.
There you are.
That's seven pounds
forty-five pence.
How much is that?
Where to, please?
Thank you very much.

____
____
____
____
____
____

Kontrollieren Sie nun durch Vergleich mit dem oben stehenden Gespräch!

Unit thirteen

At the hotel

Gespräch 13

Im Hotel

Jetzt geht es rund ums Hotel, damit Sie „fit“ werden für das Gespräch an der Rezeption. Außerdem beschäftigen wir uns mit der Steigerung und mit den Feiertagen.

Zuerst erkundigen Sie sich nach einem guten Hotel:

Please listen!

– Excuse me, please,
can you recommend me a
good hotel?
– Yes, there's a good hotel near here.

Over there. Can you see?
– Ah, thank you.

Hören Sie bitte zu!

– Entschuldigen Sie bitte,
können Sie mir ein gutes Hotel
empfehlen?
– Ja, es gibt ein gutes Hotel hier in
der Nähe.
Da drüben. Sehen Sie?
– Ah, danke.

At the reception

– Good morning.
– Can I help you?
– A single room, please.
– For one night?
– No, for three nights.
– With or without bath?
– With bath, please.
– Let me see ...
a single room with bath
for three nights ...
The hotel is pretty full,
the Bank Holidays, you know ...

An der Rezeption

– Guten Morgen.
– Bitte schön? (*Kann ich Ihnen helfen?*)
– Ein Einzelzimmer bitte.
– Für eine Nacht?
– Nein, für drei Nächte.
– Mit oder ohne Bad?
– Mit Bad, bitte.
– Einen Augenblick bitte ...
ein Einzelzimmer mit Bad
für drei Nächte ...
Das Hotel ist ziemlich voll,
wissen Sie, die Bankfeiertage ...

You can have a small room	Sie können ein kleines Zimmer haben
on the sixth floor.	im sechsten Stock.
Will that do?	Sind Sie damit zufrieden? *(Wird das tun?)*
– Oh yes, thank you ...	– O ja, danke ...
What do you charge for the room?	Wie viel kostet das Zimmer?
– Forty pounds a night.	– Vierzig Pfund pro Nacht.
– Good. I'll take this room.	– Gut. Ich nehme dieses Zimmer.
– OK. [Here's] the key.	– Okay. [Hier ist] der Schlüssel.

Please listen again and repeat!

Bitte hören Sie zu und sprechen Sie nach!

○

Go on speaking!

[Is there]

a good hotel near here?
in the centre of the town?
close to the station?

a first-class hotel?
a small hotel, not **too** expensive?

Sprechen Sie weiter!

[Gibt es]

ein gutes Hotel hier in der Nähe?
im Stadtzentrum?
in der Nähe des Bahnhofs?

ein Hotel 1. Klasse?
ein kleines Hotel, nicht **zu** teuer?

○

[Please give me] two single rooms.
a double room.
a room at the front.
a cheaper room.

[Geben Sie mir bitte] zwei Einzelzimmer.
ein Doppelzimmer.
ein Zimmer nach vorn.
ein billigeres Zimmer.

○

[Would you like] this room?
a better room?
a cheaper room?
a larger room?

[Möchten Sie] dieses Zimmer?
ein besseres Zimmer?
ein billigeres Zimmer?
ein größeres Zimmer?

○

cheap – cheaper large – larger good – better	billig – billiger groß – größer gut – besser

○

Please listen again and repeat!

Bitte hören Sie nochmals zu und wiederholen Sie!

Erläuterungen

The Bank Holidays:
In Großbritannien sind die *Bank Holidays* gesetzliche Feiertage, in den USA Bankfeiertage, z. B. *New Year's Day* (1. Januar), *Easter Monday* (Ostermontag), *Late Summer Holiday* (letzter Montag im August).

too **too** expensive too long, too short, too big, too small, too smart	betontes „zu" zu teuer zu lang, zu kurz, zu groß, zu klein, zu modern

○

with or without bath — mit oder ohne Bad

Frage: Is there ...? *(Ist da)* Gibt es ...? Ist ...?	Antwort: Yes, there is ... No, there isn't ... Ja, es gibt ..., es ist ... Nein, es gibt kein ..., es ist kein ...

○

to charge — berechnen, verlangen
What do you charge for the room? — Wie viel kostet das Zimmer?

Außer **OK** – Sie kennen diesen wichtigen Ausdruck – kann man auch noch **o. k.** oder **okay** schreiben. Im Deutschen bedeutet es etwa: gut, in Ordnung, richtig.

Zur Aussprache:
Den **w-Laut** (hier z. B. in *where, would, will, with*) dürfen Sie nicht wie ein deutsches **w** sprechen, sondern wie ein kurzes, flüchtiges **u.** Der Laut **v** (hier z. B. in *have, give, over, expensive*) klingt wie **w** in „wirklich", doch werden dabei die oberen Schneidezähne kräftiger auf die Unterlippe gedrückt.

Cassette one: end of side two

Kassette 1: Ende der B-Seite

Unit fourteen

Gespräch 14

Would you like some coffee?

Möchten Sie Kaffee?

Jetzt geht es um das berühmte englische Frühstück, also um ham and eggs *(Eier und Schinken) ...*
Dabei üben Sie wieder mit dem wichtigen Ausdruck: What would you like?

Please listen carefully!

The next morning.

Where is the breakfast room, please?

There on the left, next to the lift.

– Would you like coffee or tea?
– Coffee, please.
– Would you like an egg as well?
– Yes, please. *oder:*
No, thank you.

Bitte hören Sie aufmerksam zu!

Am nächsten Morgen.

– Wo ist bitte der Frühstücksraum?

– Dort links, neben dem Lift.

– Möchten Sie Kaffee oder Tee?
– Bitte Kaffee.
– Möchten Sie auch ein Ei?
– Ja (bitte).
Nein (danke).

Go on speaking!

Man fragt Sie:

Would you like
some coffee?
some tea?

Sprechen Sie weiter!

Möchten Sie
(etwas) Kaffee?
(etwas) Tee?

some more coffee?		noch etwas Kaffee?	
some toast?	*Sie antworten:*	*(etwas)* Toast?	
toast or bread?	**Yes, please.** *oder:*	Toast oder Brot?	**Ja** (bitte).
an egg?	**No, thank you.**	ein Ei?	**Nein** (danke).
some marmalade?		(Orangen-)Marmelade?	
some jam?		Marmelade, Konfitüre?	
anything else?		sonst noch etwas?	

○

Mit **Thank you** antwortet man nicht allein, sondern man sagt: **Yes, thank you** oder **No, thank you.** Oder auch: **Yes, please.** Würde man nur mit **Thank you** antworten, dann würde man nicht wissen, ob der Antwortende etwas möchte oder nicht.

○

marmalade	Marmelade aus Zitrusfrüchten, (meist bittere) Orangenmarmelade. Jede andere Fruchtmarmelade ist **jam.**

○

*Hier ist die **Frühstückskarte** des Hotels, aus der Sie auswählen können:*

CEYLON TEA	CEYLON-TEE
DARJEELING TEA	DARJEELING-TEE
TEA WITH LEMON	TEE MIT ZITRONE
TEA WITH MILK	TEE MIT MILCH
WHITE COFFEE	KAFFEE MIT MILCH
BLACK COFFEE	SCHWARZER KAFFEE
CHOCOLATE	SCHOKOLADE
CORNFLAKES WITH MILK	CORNFLAKES MIT MILCH
PORRIDGE	PORRIDGE

EGGS AND BACON	EIER UND SPECK
EGGS AND HAM	EIER UND SCHINKEN
SCRAMBLED EGGS	RÜHREI
TOAST	TOAST
FRESH ORANGE JUICE	FRISCHER ORANGENSAFT
FRESH GRAPEFRUIT JUICE	FRISCHER GRAPEFRUITSAFT
TOMATO JUICE	TOMATENSAFT

Would you like some ...?

Möchten Sie (*etwas*) **...?**

Yes, I'd like some ...

Ja, **ich möchte ...**

Nach diesen beiden Ausdrücken gebraucht man **some**, *um eine unbestimmte Menge zu bezeichnen.*

Erläuterungen

freundlich annehmend

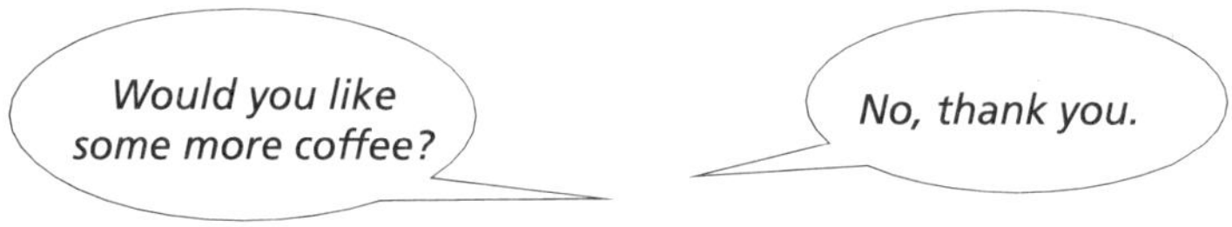

ablehnend

And now relax and have a nice time!

Ruhen Sie sich aus und amüsieren Sie sich gut!

Unit fifteen

Is there a caravan site near here?

Gespräch 15

Gibt es in der Nähe einen Caravanplatz?

Sie sind auf der Suche nach einem Parkplatz, überall finden Sie nur das eine Schild: NO PARKING *PARKEN VERBOTEN. Schließlich fragen Sie an einer roten Ampel einen Autofahrer.*

Please listen!

Bitte hören Sie zu!

Excuse me, is there a car park near here?

– Entschuldigen Sie (*mich*), gibt es in der Nähe einen Parkplatz?

– Excuse me, is there a caravan site near here?

– Entschuldigen Sie, gibt es in der Nähe einen Campingplatz *(Caravanplatz)?*

Yes, there is one in the next street on the left.

– Ja, *(es gibt einen)* in der nächsten Straße links.

– Thank you very much.

– Vielen Dank.

Aber leider finden Sie an der nächsten Straßenkreuzung das Schild NO LEFT TURN *(LINKS ABBIEGEN VERBOTEN) und die Suche nach einem Parkplatz beginnt von neuem.*

Go on speaking!

Excuse me, is there
a car park, a petrol station,
a garage,
a café, a restaurant,
a hotel near here?

Excuse me, is there
a bus stop,
an underground station,
a post office, a tourist office,
a travel bureau, a hospital
near here?

Sprechen Sie weiter!

Entschuldigen Sie, gibt es
einen Parkplatz, eine Tankstelle,
eine Autowerkstatt,
ein Café, ein Restaurant,
ein Hotel in der Nähe?

Entschuldigen Sie, gibt es
eine Bushaltestelle,
eine U-Bahn-Station,
ein Postamt, ein Verkehrsamt,
ein Reisebüro, ein Krankenhaus
in der Nähe?

	the hotel		des Hotels
	the station		des Bahnhofs
near	the bus stop	**in der Nähe**	der Bushaltestelle
	the café		des Cafés
	the British Museum		des Britischen Museums

	the bank		der Bank
	the restaurant		dem Restaurant
	the hotel, the station		dem Hotel, dem Bahnhof
opposite	the post office	**gegenüber**	dem Postamt
	the theatre, the church		dem Theater, der Kirche
	the drugstore		dem Drugstore

Erläuterungen

near = nahe, in der Nähe von

„Sehr" heißt im Englischen entweder **very** oder **very much.**
Very sagt man vor Adjektiven und **very much** in Verbindung mit Verben:

It's very hot today.	Heute ist es sehr heiß.
I love her very much.	Ich liebe sie sehr (*viel*).

30 m. p. h. (thirty miles per hour)	dreißig Meilen pro Stunde
Give way	Vorfahrt beachten!
Reduce speed now	Geschwindigkeit herabsetzen!
One way	Einbahnstraße

There is ...	Da ist ...	Es gibt ...	(mit nachfolgendem Substantiv im Singular: There is a shop.)
There are ...	Da sind ...	Es gibt ...	(mit nachfolgendem Substantiv im Plural: There are shops)

Yes, there is.
Auf die Fragen **is there ...?, are there ...?** antwortet man nicht einfach mit **yes** bzw. **no**, sondern mit einem ganzen Satz:

Yes, there is.	→	No, there isn't.
Yes, there are.	→	No, there aren't.

Cheers! Tschüs!

Unit sixteen | Gespräch 16

What would you like? | Was möchten Sie?

Sie nennen Ihre Wünsche: I'd like a beer, please. *Ich möchte ein Bier, bitte ...*

Please listen and repeat! | Bitte hören Sie zu und sprechen Sie nach!

Would you like a glass of whisky, a glass of sherry, a glass of coke, a cup of tea, a cup of coffee?	Möchten Sie ein Glas Whisky, ein Glas Sherry, ein Glas Cola, eine Tasse Tee, eine Tasse Kaffee?

I'd like	a beer, please.	Ich möchte	bitte ein Bier.
	this, please.		dies, bitte.
	that, please.		das, bitte.
	these, please.		diese, bitte.
	those, please.		diese (*dort*), bitte.

Once again! | Noch einmal!

Go on speaking! | Sprechen Sie weiter!

I'd like some coffee, **please.** Some tea, some wine, a sandwich, a beer and a sandwich, biscuits, a slice of ham.	**Ich möchte bitte** (*etwas*) Kaffee. Tee, Wein, ein Sandwich, ein Bier und ein Sandwich, Kekse, eine Scheibe Schinken.

I'd prefer ... | Ich möchte lieber ...

I'd prefer	a slice of ham.	**Ich möchte lieber**	eine Scheibe Schinken.
	ham and eggs.		Schinken und Eier.
	some red wine.		(*etwas*) Rotwein.
	some white wine.		Weißwein.
	tomato sandwiches.		belegte Brote mit Tomaten.
	ham sandwiches.		belegte Brote mit Schinken.

Erläuterungen

And now it's your turn!

I'd like a beer.
a beer, please.
I'd prefer some wine.
I'd prefer this.
I'd prefer that.

Antworten Sie selbstständig!

Ich möchte ein Bier.
Ich möchte bitte ein Bier.
Ich möchte lieber Wein.
Ich möchte dies.
Ich möchte das.

Would you like ...? **I'd like ...** **I'd prefer ...**	Nach diesen Ausdrücken stellt man vor das Hauptwort **some** (einige), um eine unbestimmte Menge zu bezeichnen.	**Möchten Sie ...?** **Ich möchte ...** **Ich möchte lieber ...**

Test

Ergänzen Sie Ihre Wünsche.

I'd like a . . . .
some . . . .
a slice of . . . .
an . . . .
a . . . .
some . . . .
anything . . . .

Zur Kontrolle vergleichen Sie Ihre Lösungen mit den Gesprächen aus Unit 14 und 16.

And now relax!

Bye-bye!

Und nun ruhen Sie sich aus!

Tschüs!

Unit seventeen

How much is it?

Gespräch 17

Wie viel kostet es?

Hier zeigen wir Ihnen wieder, wie man nach dem Preis fragt. Dabei lernen Sie viele neue Wörter.

Please listen and repeat!

Bitte hören Sie zu und sprechen Sie nach!

How much is	the pullover?	Wie viel kostet	der Pullover?
▲			
	the shirt?		das Hemd?
So fragt	the coat?		der Mantel?
man nach	the jacket?		die Jacke?
einem	**this** hat?		**dieser** Hut?
Gegenstand	this blouse?		diese Bluse?
in der	this cap?		diese Mütze?
Einzahl.	that cassette recorder?		jener Kassettenrekorder?

○

How much are	the pullovers?	Wie viel kosten	die Pullover?
▲	the shirts?		die Hemden?
So fragt	the coats?		die Mäntel?
man nach	the jackets?		die Jacken?
Dingen	**these** hats?		**diese** Hüte?
in der	these blouses?		diese Blusen?
Mehrzahl.	these caps?		diese Mützen?

○

Erläuterungen

this = dieser, diese, dieses	Mehrzahl: **these** = diese, die hier
that = jener, jene, jenes	Mehrzahl: **those** = jene, die dort

This bzw. **these** verwendet man für Dinge in der Nähe, **that** bzw. **those** für entferntere:
this hat, this blouse, this cap, these shirts,
that cassette recorder, that shirt
those jackets

Go on speaking! Sprechen Sie weiter!

*So einfach ist es, die **Mehrzahl der Hauptwörter** zu bilden:*

1. **the shop/the shops**	das Geschäft/die Geschäfte
the restaurant/the restaurants	das Restaurant/die Restaurants
the taxi/the taxis	das Taxi/die Taxis
2. **the bus/the buses**	der Bus/die Busse
3. **the family/the families**	die Familie/die Familien
the day/the days	der Tag/die Tage

Erläuterungen

Die **Mehrzahlbildung von Hauptwörtern** ist sehr einfach:

1. Meist hängt man ein -**s** an.
2. Bei Wörtern auf Zischlaut hängt man -**es** an.
3. Endet die Einzahl auf **y**, dann endet die Mehrzahl auf -**ies**.
   Aber **y** nach einem Selbstlaut bleibt unverändert.

Eine vollständige Übersicht zur Mehrzahl finden Sie im Anhang.

Test

1 Setzen Sie die Hauptwörter in die Mehrzahl.

a
the family,	the	....
the lady,	the	....
the baby,	the	....
the story,	the	....

b
the address,	the	....
the watch,	the	....
the bus,	the	....
the wish,	the	....

c
the boy,	the	....
the play,	the	....
the way,	the	....
the day,	the	....

Die Lösung dieser Aufgabe finden Sie im Lösungsteil im Anhang.

2 Übersetzen Sie bitte!

Wie viel kostet der Pullover?
Wie viel kostet die Jacke?
Wie viel kostet dieses Hemd?
Wie viel kostet diese Platte?

Wie viel kosten die Pullover?
Wie viel kosten die Jacken?
Wie viel kosten diese Hemden?
Wie viel kosten diese Platten?

Diese Aufgabe können Sie anhand des vorhergehenden Textes selbst korrigieren.

Thank you very much! **Vielen Dank!**

That's all for today! **Das ist alles für heute!**

So long! **Bis bald!**

Unit eighteen

Gespräch 18

That's two pounds and fifty pence

Das macht zwei Pfund und fünfzig Pence

Sie führen wieder ein Gespräch mit dem Kellner und fragen nach dem Preis. Dabei beschäftigen wir uns mit den Zahlen.

Please listen and repeat!

Bitte hören Sie zu und wiederholen Sie!

– Good afternoon.

– Guten Tag *(Nachmittag)*.

What would you like?

Was möchten Sie?

A cup of coffee and a beer, please.

– Eine Tasse Kaffee und ein Bier, bitte.

– There you are.
– How much is that?
– Two pounds and fifty pence.
– There you are.
– Thank you.

– Hier bitte.
– Wie viel macht das?
– Zwei Pfund und fünfzig Pence.
– Hier bitte.
– Danke.

Go on speaking!

Sprechen Sie weiter!

Die Zahlen müssen Sie besonders gut beherrschen. Wir wiederholen deshalb nochmals die Grundzahlen von 1 bis 20 und zählen dann weiter.

1	one	11	eleven	21	twenty-one
2	two	12	twelve	22	twenty-two
3	three	13	thirteen	23	twenty-three
4	four	14	fourteen	24	twenty-four
5	five	15	fifteen	25	twenty-five
6	six	16	sixteen	26	twenty-six
7	seven	17	seventeen	27	twenty-seven
8	eight	18	eighteen	28	twenty-eight
9	nine	19	nineteen	29	twenty-nine
10	ten	20	twenty	30	thirty
40	forty	101	a hundred and one		
50	fifty	102	a hundred and two		
60	sixty	103	a hundred and three		
70	seventy	120	a hundred and twenty		
80	eighty	125	a hundred and twenty-five		
90	ninety				
100	a (one) hundred				

▲ Achten Sie darauf, dass zwischen Zehnern und Einern ein Bindestrich steht.

Take your time!

Lassen Sie sich Zeit!

Beachten Sie besonders die Schreibweise von:

4 four	→ 14 fourteen	→ 40 forty
5 five	→ 15 fifteen	→ 50 fifty
8 eight	→ 18 eighteen	→ 80 eighty

That's ten pence, twenty pence, thirty pence, forty pence, fifty pence, sixty pence, seventy pence, eighty pence, ninety pence, a hundred pence.

Das (*ist*) macht ...

Please listen and repeat!

- Waiter, where is the next bus stop, please?
- Look over there on the right.

Thank you very much.

That's all right.

Bitte hören Sie zu und wiederholen Sie!

- Kellner, wo ist bitte die nächste Bushaltestelle?
- Schauen Sie, da drüben rechts.
- Vielen Dank.
- Bitte sehr.

Cheers!

Tschüs!

Erläuterungen

that's (that is)	**das macht** *(wörtlich: das ist)*
a cup of coffee	eine Tasse (von) Kaffee
beer	Bier
there you are	hier, bitte; *(wörtlich: da Sie sind bedient)*
the next bus stop	**die nächste Bushaltestelle**
there	da, dort
over there	da drüben
on the right	zur Rechten, rechts
on the left	links
that's all right ***(US: alright)***	**bitte sehr** *(wörtlich: das ist in Ordnung)*

Test

Schreiben Sie hinter die Zahlen die englische Bezeichnung.

40	....
90	....
16	....
25	....
8	....
100	....
103	....
24	....

Schreiben Sie nun die Zahlen

4	14	40 ....
5	15	50 ....
8	18	80 ....

Die Lösungen für diese Aufgabe finden Sie auf den vorhergehenden Seiten.

Lesen Sie nun diesen Text, der aus Unit 9 stammt. Wiederholen Sie diese Unit – und auch einige andere –, wenn Sie nicht mehr in der Lage sind, den Text aus dem Café fließend zu lesen.

- What would you like, please?
- A cup of coffee, please.
- Here is the coffee.

- Waiter!
- What would you like, please?
- A cup of tea, please.
- Here is the tea.

- Miss!
- What would you like, please?
- A beer, please.
- Here's the beer.

- Miss!
- What would you like, please?
- A lemonade.
- Here's the lemonade.
- Thank you.

Unit nineteen — Gespräch 19

Where is the ticket? — Wo ist die Fahrkarte?

Hier bringen wir Ihnen wieder viele nützliche Fragen und Antworten.
Sie wiederholen dabei die Pluralbildung und lernen, wie man „mein/meine" ausdrückt: my ticket, my key ...

Please listen and repeat! — Bitte hören Sie zu und wiederholen Sie!

Where **is** ...?	▶ Here **is** ...	Wo **ist** ...?	▶ Hier **ist** ...
Where **are** ...?	▶ Here **are** ...	Wo **sind** ...?	▶ Hier **sind** ...

Where is	▶ Here is	Wo ist	▶ Hier ist
the ticket?	the ticket.	die Fahrkarte?	die Fahrkarte.
the passport?	the passport.	der Pass?	der Pass.
the menu?	the menu.	die Speisekarte?	die Speisekarte.
the stamp?	the stamp.	die Briefmarke?	die Briefmarke.
the cigarette?	the cigarette.	die Zigarette?	die Zigarette.

Where are	▶ Here are	Wo sind	▶ Hier sind
the tickets?	the tickets.	die Fahrkarten?	die Fahrkarten.
the passports?	the passports.	die Pässe?	die Pässe.
the menus?	the menus.	die Speisekarten?	die Speisekarten.
the stamps?	the stamps.	die Briefmarken?	die Briefmarken.
the cigarettes?	the cigarettes.	die Zigaretten?	die Zigaretten.

Erläuterungen

That's very simple, too! Das ist auch sehr einfach!
Um die **Mehrzahl der Hauptwörter** zu bilden, hängt man im Englischen meist ein **-s** an.
Die vor einem Wort in der Mehrzahl heißt **the.**

	deutsch:	*englisch:*
Einzahl:	**der die das**	**the**
Mehrzahl:	**die**	**the**

Go on speaking!

Where is
my ticket, **my** key, **my** letter,
my postcard, **my** newspaper, **my** film,
my drink?

Where are
my tickets, **my** keys, **my** letters,
my postcards, **my** newspapers,
my films, **my** drinks?

Sprechen Sie weiter!

Wo ist
meine Fahrkarte, **mein** Schlüssel, **mein** Brief,
meine Postkarte, **meine** Zeitung, **mein** Film,
mein Getränk?

Wo sind
meine Fahrkarten, **meine** Schlüssel ...?

Erläuterungen

Now this is very easy, too!
Die besitzanzeigenden Begleitwörter sind im Englischen unveränderlich:
my = mein, meine

ticket = Fahrkarte, Eintrittskarte

Test

Setzen Sie vor die folgenden Wörter den richtigen Ausdruck: *Where is* ... oder *Where are* ...

.... my newspapers?
.... my drink?
.... my letter?
.... my passport?
.... the newspaper?
.... the cigarettes?
.... the postcards?

Überprüfen Sie Ihre Eintragungen durch Vergleich mit den vorhergehenden Textstellen.

Now that's all for today.

Das ist jetzt alles für heute.

Cheerio!

Tschüs!

Unit twenty

Gespräch 20

Where's my passport?

Wo ist mein Pass?

Jetzt beschäftigen wir uns ausführlicher mit den besitzanzeigenden Begleitwörtern, also mit my, your, his ... *Außerdem beschäftigen wir uns mit* in *(in),* on *(auf),* under *(unter).*

Please listen and repeat!

Where's	
my passport?	▶ **It's** in your pocket
my suitcase?	Here on the table.
my handbag?	In the bedroom.
my driving licence?	In your wallet.
my wallet?	It's on the sideboard.
my purse?	Under the cushion.

Bitte hören Sie zu und sprechen Sie nach!

Wo ist	
mein Pass?	▶ **Er ist** in deiner Tasche.
mein Koffer?	Hier auf dem Tisch.
meine Handtasche?	Im Schlafzimmer.
mein Führerschein?	In deiner Brieftasche.
meine Brieftasche?	Sie ist auf dem Büfett.
meine Geldbörse?	Unter dem Kissen.

○

Go on speaking!

On the table, on the sideboard,
on the chair, on the bed,
on the cushion;

Sprechen Sie weiter!

Auf dem Tisch, auf dem Büfett,
auf dem Stuhl, auf dem Bett,
auf dem Kissen;

○

under the table, under the sideboard,
under the chair, under the bed,
under the cushion.

unter dem Tisch, unter dem Büfett,
unter dem Stuhl, unter dem Bett,
unter dem Kissen.

○

It's on the table, it's on the sideboard,
it's under the chair, it's under the bed,
it's in your wallet, it's in your purse,
it's in your handbag.

Er (sie/es) ist auf dem Tisch, ...

○

Listen, please!

That's my passport,
my visa, my driving licence,
his passport, her passport,
our passport,
his visa, her visa, our visa.

Hören Sie bitte zu!

Das ist mein Pass,
mein Visum, mein Führerschein,
sein Pass, ihr Pass,
unser Pass,
sein Visum, ihr Visum, unser Visum.

That's	**my**	new car.	Das ist	**mein**(e)	neuer Wagen.
	your			**dein**(e), **euer**(e), **Ihr**(e),	
	his			**sein**(e)	
	her			**ihr**(e)	
	our			**unser**(e)	
	their			**ihr**(e)	

▲
Unveränderlich in Einzahl und Mehrzahl

That's her car. – Das ist ihr Wagen.
That's their car. – Das ist ihr Wagen.

That's really easy! – Das ist wirklich einfach!
Für „der, die, das" gibt es im Englischen nur *the*!

The passport	is on the table.	Der Pass	ist auf dem Tisch.
It	is on the table.	**Er**	ist auf dem Tisch.
The wallet	is on the table.	Die Brieftasche	ist auf dem Tisch.
It	is on the table.	**Sie**	ist auf dem Tisch.

Spricht man von Sachen, dann sagt man im Englischen **it.**

the table	– on **the** table	**der** Tisch	– auf **dem** Tisch
the chair	– under **the** chair	**der** Stuhl	– unter **dem** Stuhl
a glass	– in **a** glass	**ein** Glas	– in **einem** Glas
a purse	– in **a** purse	**eine** Geldbörse	– in **einer** Geldbörse

Artikel sind im Englischen unveränderlich.

Erläuterungen

Wie der bestimmte Artikel **the** und der unbestimmte **a/an** sind auch die besitzanzeigenden Begleitwörter **my, your, his, her, our, their** in Einzahl und Mehrzahl unveränderlich.

Achten Sie aber dabei besonders auf das Wörtchen **„ihr"**: ihr Wagen z. B. heißt **her car,** wenn der Wagen z. B. einem Mädchen gehört. Gehört der Wagen aber mehreren Personen, dann sagt man **their car.**

your hat mehrere Bedeutungen:

your → **dein, deine** / **euer, eure** / **Ihr, Ihre**

where's? = where is? (wo ist?)
it's = it is (es ist)

Test

Ergänzen Sie das richtige Verhältniswort (Präposition).

It's .... the table. (auf)
It's .... the chair. (unter)
It's .... the cushion. (auf)
It's .... the bed. (unter)
It's .... your wallet. (in)

Kontrollieren Sie Ihre Eintragungen bitte anhand des vorhergehenden Textes.

Lesen Sie nun als Wiederholungsübung nochmals diese Zahlen:

1	one	11	eleven
2	two	12	twelve
3	three	13	thirteen
4	four	14	fourteen
5	five	15	fifteen
6	six	16	sixteen
7	seven	17	seventeen
8	eight	18	eighteen
9	nine	19	nineteen
10	ten	20	twenty

Cassette two: end of side one **Kassette 2: Ende der A-Seite**

Unit twenty-one

Gespräch 21

Where is Peter?

Wo ist Peter?

Jetzt geht es um die Gegenwart von „sein".

Please listen and repeat!

- Where is Peter? – Peter is in the garden.
- Where is Susan? – Susan is in the kitchen.
- Where is he? – He is in the garden.
- Where is she? – She is in the kitchen.
- Where are Peter and Susan? – Peter and Susan are in town.
- Where are you? – I am in the garage.

Bitte hören Sie zu und sprechen Sie nach!

- Wo ist Peter? – Peter ist im Garten.
- Wo ist Susan? – Susan ist in der Küche.
- Wo ist er? – Er ist im Garten.
- Wo ist sie? – Sie ist in der Küche.
- Wo sind Peter und Susan? – Peter und Susan sind in der Stadt.
- Wo bist du? – Ich bin in der Garage.

○

Die Gegenwart von „sein":

I am	in the garden.
You are	
He / She / It } is	
We are	
You are	
They are	

Ich bin	im Garten.
Du bist	
Er / Sie / Es } ist	
Wir sind	
Ihr seid	
Sie sind	

Please repeat again!

Bitte wiederholen Sie nochmals!

○

Go on speaking!

Sprechen Sie weiter!

In der schnellen Umgangssprache sagt man für:

I	am	►	**I'm**
you	are	►	**you're**
he }	is	►	**he's**
she }	is	►	**she's**
it }	is	►	**it's**
we	are	►	**we're**
you	are	►	**you're**
they	are	►	**they're**

ich bin
du bist
er / sie / es } ist
wir sind
ihr seid, Sie sind
sie sind

○

I'm	in the garage.	Ich bin in der Garage.
You're	in the kitchen.	Du bist in der Küche.
It's	cold outside.	Es ist kalt draußen.
We're	ill.	Wir sind krank.
They're	very ill.	Sie sind sehr krank.

Erläuterungen

you are → **du** bist / **ihr** seid / **Sie** sind

Peter → he
Susan → she
he + she → **they**

Auch die Frageform ist einfach zu bilden:

I	am	Am	I?	We	are	Are	we?
He	is	Is	he?	You	are	Are	you?
She	is	Is	she?	They	are	Are	they?
It	is	Is	it?				

Cheers!

Tschüs!

Unit twenty-two | Gespräch 22

I love you | Ich liebe dich

Im Folgenden erfahren Sie, was man über die wichtigen Wörter „mir, mich, ihm, ihn“ usw. wissen sollte und wie einfach im Englischen die Vergangenheit von „sein“ gebildet wird.

Please listen! | Bitte hören Sie zu!

I love	you.	Ich liebe	dich, Sie, euch.
	you, Peter.		dich, Peter.
	him.		**ihn.**
	Betty.		Betty.
	her.		**sie.**
I love	Betty and Peter.	Ich liebe	Betty und Peter.
	them.		**sie.**

Nochmals: Ich liebe **sie.** = I love her *(z. B. Betty).*
I love them *(mehrere).*

Go on speaking! | Sprechen Sie weiter!

That's	for me	and that's	for you.	Das ist	für mich	und das ist	für dich.
That's	for him	and that's	for her.	Das ist	für ihn	und das ist	für sie.
That's	for us	and that's	for you.	Das ist	für uns	und das ist	für euch.

Die Vergangenheit von „sein“:

That was nice	of me.	Das war nett	von mir.
	of you.		von dir, Ihnen, euch.
	of him.		von ihm.
	of her.		von ihr.
	of us.		von uns.
	of them.		von ihnen.

I was, you were, **he was**, we were, they were very happy.

Ich war, du warst, **er war**, wir waren, sie waren sehr glücklich.

Erläuterungen

Die **Vergangenheit von to be** (sein) ist einfach zu bilden:

I
he
she
it } **was** **!**

sonst **were**:
you were
they were

that was ...

me	mir, mich
you	dir, dich, euch, Ihnen
him	ihm, ihn
her	ihr, sie

Test

Übersetzen Sie ins Englische.

. . . . Das ist für euch und das ist für mich.
. . . . Das ist für Sie und das ist für ihn.
. . . . Das ist für uns und das ist nett von ihm.
. . . . Das ist für sie (Betty) und das ist für dich.
. . . . Und das ist für sie (Betty und Diana).

Vergleichen Sie Ihre Übersetzung mit dem vorhergehenden Text.

That's all for today. **Das wär's für heute.**

Bye! **Tschüs!**

Unit twenty-three

Please give me ...

Gespräch 23

Bitte geben Sie mir ...

Begleiten Sie nun Susan in ein Geschäft und kaufen Sie mit ihr ein. Dabei beschäftigen wir uns mit dem wichtigen Ausdruck Have you (got) ...? *– Haben Sie ...? – also mit den Formen von* to have *(haben) in Gegenwart und Vergangenheit.*

Please listen carefully!

– Please give me a pound of ham
and a pound of butter.
Have you got fresh eggs?
– Yes, we have.
– Please give me six.
And bread too, please.
– White bread?
– Yes, white bread. And tea, please.
– A pound of tea?
– Yes, a pound of tea, please.

How much is it?

That's seven pounds fourty-five pence.

Bitte hören Sie aufmerksam zu!

– Bitte geben Sie mir ein Pfund Schinken
und ein Pfund Butter.
Haben Sie frische Eier?
– Ja *(wir haben).*
– Bitte geben Sie mir sechs.
Und auch Brot, bitte.
– Weißbrot?
– Ja, Weißbrot. Und Tee, bitte.
– Ein Pfund Tee?
– Ja, ein Pfund Tee, bitte.

– Wie viel *(ist)* macht es?

– Das macht sieben Pfund und fünfundvierzig Pence.

Go on speaking!

Sprechen Sie weiter!

Give me	a pound of	ham,	please.
	two pounds of	butter,	
	a loaf of	bread,	
	half a pound of	tea,	

Nach Mengenangaben „of" (von).

Die Formen und Kurzformen von to have *(haben):*

I	have	**I've**	ich habe	
you	have	**you've**	du hast, Sie haben	
he	has	**he's**	er	hat
she	has	**she's**	sie	hat
it	has	**it's**	es	hat
we	have	**we've**	wir haben	
you	have	**you've**	ihr habt	
they	have	**they've**	sie haben	

Üben Sie mit uns jetzt gleich noch die Verneinung:

I have not. I haven't.	Ich habe nicht.
You have not. You haven't.	Du hast nicht.
He has not. He hasn't.	Er hat nicht.

Ganz besonders einfach ist die **Vergangenheit** *von „haben" zu bilden:*

I	had	toast and coffee	for breakfast **yesterday.**
Peter	had	hot dogs	for lunch.
Susan	had	toast and tea	for tea.
We	had	roast beef	for supper.

bei allen Personen **had**

Ich	hatte	**gestern**	Toast und Kaffee	zum Frühstück.
Peter	hatte		Hot Dogs	zum Mittagessen.
Susan	hatte		Toast und Tee	zum Tee.
Wir	hatten		Roastbeef	zum Abendessen.

Zu Ihrer Information:
Die Mahlzeiten: breakfast – lunch – tea – dinner. Das **englische Frühstück** ist als kräftige Mahlzeit bekannt. Zu Mittag benötigt man dann nur einen kleinen Imbiss (**lunch**). Den **tea** nimmt man gegen fünf Uhr nachmittags ein, meist ein kleiner Imbiss mit Gebäck oder Sandwiches. Mit **dinner** bezeichnet man die warme Hauptmahlzeit.
Und noch etwas Besonderes: In vielen Familien bekommt man auch heute noch den **early tea,** den „frühen Tee", im Bett serviert. Und zwar meist vom Familienvater. Viele Engländer legen Wert auf diese **early cup of tea.**

And now relax and listen once again!

Und nun ruhen Sie sich aus und hören Sie nochmals zu!

Erläuterungen

- Um die Gegenwart von *to have* zu bilden, sagt man immer **have** und nur bei *he, she* und *it* **has.**
- In der Umgangssprache gebraucht man Kurzformen: **I've, you've, he's, she's, it's, we've, they've**
- **I** (ich) wird immer groß geschrieben!
- **you** hat verschiedene Bedeutungen: es heißt „du, ihr und Sie" (Höflichkeitsform)
- Verneinung: **I have not (I haven't)** = ich habe nicht
he has not (he hasn't) = er hat nicht
- Frageform: **have you? has he?** usw.
- Vergangenheit: **I had, you had, he had, we had, you had, they had**
(Kurzformen: **I'd, you'd** usw.) = ich hatte, du hattest usw.
Also: bei allen Personen **had.**

I have had usw. = ich habe gehabt.
Had heißt also nicht nur „hatte, hattest, hatten", sondern auch „gehabt".

give me!	gib mir! gebt mir! geben Sie mir!
bread, white bread	Brot, Weißbrot
ham	Schinken
ham and eggs	Schinken und Eier
fresh, fresh eggs	frisch, frische Eier
tea	Tee
butter	Butter
six	sechs
how much is it?	wie viel kostet es?
seven pounds forty-five pence (£ 7.45)	sieben Pfund und fünfundvierzig Pence
here you are	hier bitte

a **pound of** tea = ein Pfund Tee
a **loaf of** bread = ein Laib Brot

Nach Mengenbegriffen (z. B. ein Pfund ..., eine Tasse ...) gebraucht man das Wörtchen **of** (von). Das **f** wird dabei wie ein weiches **w** ausgesprochen!

Yes, we have.
Auf die Frage **Have you?** antwortet man nicht einfach **Yes,** sondern **Yes, I have; Yes, we have.**

Test

Ergänzen Sie die richtigen Mengenbezeichnungen und die Kurzformen von **to have**. Kontrollieren Sie anschließend Ihre Eintragungen anhand des vorhergehenden Textes.

Please, give me		
	______________	ham. (ein Pfund)
	______________	butter. (ein halbes Pfund)
	______________	bread. (einen Laib)
	______________	tea. (eine Tasse)

I	have	______________________________
you	have	______________________________
he	**has**	______________________________
she	**has**	______________________________
it	**has**	______________________________
we	have	______________________________
you	have	______________________________
they	have	______________________________

Good luck and so long!

Viel Glück und bis bald!

Unit twenty-four

Newspapers and magazines

Gespräch 24

Zeitungen und Zeitschriften

Beim Frühstück fragen Sie den Ober, ob er eine Zeitung hat: Have you got a newspaper, please? *Es geht also wieder um den wichtigen Ausdruck:* Have you got ...?

Please listen carefully and repeat!

– Have you got a newspaper, please?
– I'm afraid not.
But there's a newspaper stand right next to the hotel entrance.
There you can get all the papers and magazines.

Once again!

Bitte hören Sie aufmerksam zu und sprechen Sie nach!

– Haben Sie bitte eine Zeitung?
– Leider nein.
Aber es ist ein Zeitungsstand direkt neben dem Hoteleingang.
Dort können Sie alle Zeitungen und Zeitschriften bekommen.

Noch einmal!

Go on speaking!

Have you got
a map of the town?
a road map?
a book about London? ▶ Yes, I have (got). / No, I haven't (got).
a timetable?
your ticket?
your driving licence?
your passport?
your identity card?

Sprechen Sie weiter!

Haben Sie
einen Stadtplan?
eine Straßenkarte?
ein Buch über London? ▶ Ja. / Nein.
einen Fahrplan?
Ihre Fahrkarte?
Ihren Führerschein?
Ihren Pass?
Ihren Ausweis?

Erläuterungen

Besonders beachten: In der Umgangssprache sagt man für „hat" oder „haben" (wenn man etwas bekommen hat oder besitzt) **has got** bzw. **have got:**

Have you got ...?	**Yes, I have (got).** **No, I haven't (got)./** **I have not (got).**

I'm = I am	
there's = there is	
but	aber
right next to ...	direkt neben ...
you can get ...	Sie können bekommen ...
all the papers (newspapers)	alle (die) Zeitungen
magazines	Zeitschriften

Test

Now it's your turn!

Antworten Sie jetzt selbstständig!

Sprechen Sie nach **Yes** oder **No** die richtige Antwort:

Have you got a book about London? Yes, ...

Have you got a map of the town? No, ...

Have you got a timetable? No, ...

Please listen and repeat once again!

Bitte hören Sie zu und wiederholen Sie noch einmal!

Schreiben Sie nun bitte in allen Personen

I've got ....

I haven't got ....

Die Lösungen dieser Aufgaben finden Sie im Lösungsteil im Anhang.

Cheers!

Tschüs!

Unit twenty-five

Gespräch 25

How are you?

Wie geht's?

Der Titel verrät Ihnen schon, dass es jetzt um Smalltalk *geht. Außerdem beschäftigen wir uns mit der Befehlsform:* Look there is Michael – *Schau, da ist Michael.*

Susan und Peter treffen auf der Oxford Street ihren Freund Michael.

Please listen carefully!

Look, there is Michael!

Hello Susan! Hello Peter! How are you?

Thank you, we're very well. And how are you?

M.: Fine, thank you.
P.: Where is Ann?
M.: She's at home. She's in bed.
S.: At home? Why?
M.: She's ill.
S.: Oh, I'm sorry about that ...
M.: Goodbye, Peter.
See you tomorrow, Susan.
S.: Bye, Michael!
P.: Bye, Michael.

Bitte hören Sie aufmerksam zu!

– Schau, da ist Michael!
– Hallo Susan! Hallo Peter!
Wie geht's euch?
– Danke, uns geht's gut (*wir sind wohl*).
Und wie geht's dir?
– Danke, gut.
– Wo ist Ann?
– Sie ist zu Hause. Sie ist im Bett.
– Zu Hause? Warum?
– Sie ist krank.
– Oh, das tut mir Leid ...
– Auf Wiedersehen, Peter.
Bis morgen (*Sehe dich morgen*), Susan.
– Tschüs, Michael!
– Tschüs, Michael.

Go on speaking!

Look! Stop! Go!
Let's go! Let's pay!
Let's repeat!

Sprechen Sie weiter!

Erläuterungen

Once again! — Noch einmal!

look! → schau! / schauen Sie! / schaut!	So einfach ist es also im Englischen, **die Befehlsform** zu bilden. Man nimmt ganz einfach den Infinitiv.

!

Hier ist ein weiteres Beispiel, das Sie schon kennen: **to stop** heißt „stoppen, halten". Die Befehlsform dazu:

stop! → halt! / halten Sie! / haltet!

Um anzuzeigen, dass es sich um die Grundform (den Infinitiv) eines Zeitworts handelt, setzt man das Wörtchen **to** davor.

to **look** — schauen, hinsehen, aussehen

Um einen Wunsch oder eine Aufforderung auszudrücken – z. B.: *Gehen wir! Bezahlen wir! Wiederholen wir!* – sagt der Engländer:

Let's go! **Let's** pay! **Let's** repeat!
Let's ist die Kurzform für **Let us** ...! (*Lasst uns* ...!)

How are you?	Wie geht es dir?	*Wörtlich:*	Wie bist du?
	Wie geht es Ihnen?		Wie sind Sie?
	Wie geht es euch?		Wie seid ihr?

Sie sehen, dass man nicht immer alles wörtlich übersetzen kann. Sehr häufig muss man sich im Englischen ganze Ausdrücke merken. Damit Sie aber immer verstehen, wie diese Ausdrücke entstanden sind, bringen wir in Klammern die wörtliche Übersetzung.

I'm well.	Mir geht's gut. *(Ich bin wohl)*	at home	zu Hause
		in bed	im Bett
He's well.	Ihm geht's gut.	why?	warum?
She's ill.	Sie ist krank.	tomorrow	morgen
		I'm sorry	es tut mir Leid

Über das Wörtchen **well** wollen wir ausführlicher sprechen, denn Sie werden gleich bemerken, dass es bei alltäglichen Gesprächen fast unentbehrlich ist!

Es kann heißen:

well	wohl *(Eigenschaftswort)*	I am well	Mir geht es gut (Ich bin wohl).
	gut *(Umstandswort)*	well done	gut gemacht
	na schön, gut *(Ausruf)*	Well, I must say ...	Na, da muss ich aber sagen ...
	Auch Verlegenheitswort am Anfang eines Satzes: Nun ..., Also ...	Well, well, well ...!	Sieh mal einer an ...!

Test

Übersetzen Sie das folgende Gespräch ins Englische. Die Lösung entnehmen Sie dem Dialog aus Unit 25.

– Hallo Peter! ____________________

Wie geht es euch? ____________________

– Danke. Uns geht es gut. ____________________

Und wie geht es euch? ____________________

– Danke uns geht es gut. ____________________

Wie geht es Ann? ____________________

– Sie ist krank. ____________________

– Oh, das tut mir Leid ... ____________________

So long! **Bis bald!**

Unit twenty-six

Gespräch 26

Slower, please!

Bitte langsamer!

Das sagen Sie, wenn Ihr englischer Gesprächspartner zu schnell spricht. Vielleicht sagen Sie auch:

Speak slower, please!	Sprechen Sie bitte langsamer!
Repeat it, please!	Wiederholen Sie es, bitte!
I can't understand you.	Ich kann Sie nicht verstehen.

Hier sind noch weitere Aufforderungen:

Please listen and repeat!

Bitte hören Sie zu und sprechen Sie nach!

Stop here, please!	Halten Sie bitte hier!
Stop at the next corner!	Halten Sie an der nächsten Ecke!
Go faster, please!	Fahren Sie bitte schneller!
I'm in a hurry.	Ich hab's eilig.
Open the door, please!	Öffnen Sie bitte die Tür!
Shut the window, please!	Schließen Sie bitte das Fenster!
Come in, please!	Herein, bitte!
Pass me the sugar, please!	Reichen Sie mir bitte den Zucker!
Hand me the salt!	Reichen Sie mir das Salz!

Excuse me ...!	Entschuldigen Sie ...!
Pay here!	Bezahlen Sie hier!
Come on!	Los, weiter!
Come here!	Kommen Sie hierher!
Go!	Gehen Sie!
Stop!	Halten Sie!
Wait!	Warten Sie!
Give me ...!	Geben Sie mir ...!
Get me ...!	Holen Sie mir ...!
Read! Speak!	Lesen Sie! Sprechen Sie!
Listen!	Hören Sie zu!
Go on!	Gehen Sie weiter!
Let me pay!	Lassen Sie mich bezahlen!
Take it easy!	Nehmen Sie es leicht!

Erläuterungen

Wie Sie sehen, haben wir bei allen Beispielen im Deutschen die Sie-Form gewählt. Natürlich könnte es auch heißen: Haltet, halte! fahrt, fahre! öffnet, öffne! usw. Aber das wissen Sie ja bereits.

slow, slower	langsam, langsamer
I can	ich kann
I cannot, I can't	ich kann nicht
I can't understand.	Ich kann nicht verstehen.

And now relax! — **Ruhen Sie sich jetzt aus!**

Bye-bye! — **Auf Wiedersehen!**

Unit twenty-seven

Gespräch 27

At a snack-bar

Im Schnellimbiss

Für den kleinen Hunger gehen Sie in eine Snackbar. Susan und Peter lesen Ihnen Speise- und Getränkekarte vor.

Please listen carefully and repeat!

Bitte hören Sie aufmerksam zu und wiederholen Sie!

HOT DOGS
SANDWICH
HAMBURGER
EGG & BACON
EGG AND CHIPS
MIXED GRILL
2 SAUSAGES
SPAGHETTI
BAKED BEANS ON TOAST
LEG OF CHICKEN
PORTION OF CHIPS

egg	Ei
bacon	Speck
mixed grill	gemischte Grillplatte
sausage	Würstchen
baked beans on toast	weiße Bohnen auf Toast
chicken	Huhn
leg of chicken	Hühnerkeule

○

TEA, COFFEE, MILK
COKE, LEMONADE
GINGER ALE
ICES
LEMON JUICE
ORANGE JUICE
TOMATO JUICE

Tee, Kaffee, Milch
Cola, Limonade
Ingwer-Bier
Eisgetränke
Zitronensaft
Orangensaft
Tomatensaft

○

Jetzt bestellen Sie:

– Waitress!
– What would you like?
– Egg and bacon with chips.
– Anything to drink?
– A tomato juice, please.

– Kellnerin!
– Was möchten Sie?
– Eier und Speck mit Pommes Frites.
– Etwas zu trinken?
– Einen Tomatensaft, bitte.

Please listen once again!

Bitte hören Sie nochmals zu!

○

Go on speaking!

a cup of ...
a glass of ...
a bottle of ...
a portion of ...

Sprechen Sie weiter!

eine Tasse ...
ein Glas ...
eine Flasche ...
eine Portion ...

Sie wissen bereits, dass man nach Mengenbegriffen – allerdings nicht nach Zahlen – **of** (von) setzt.

Test

Bilden Sie nun selbst den Dialog!

What would you like?
Waitress!
A tomato juice, please.
Anything to drink?
Egg and bacon.

____
____
____
____
____

Vergleichen Sie Ihren Dialog mit dem Originaldialog in Unit 27.

Übersetzen Sie bitte ins Englische:

Eine Portion Pommes frites ____________________

eine Flasche Milch ____________________

zwei Tassen Kaffee ____________________

ein Glas Bier ____________________

eine Flasche Wein ____________________

Die Lösung finden Sie im Lösungsteil im Anhang.

Cheerio!

Tschüs!

Unit twenty-eight

At the post office

Gespräch 28

Auf dem Postamt

Jetzt geht es rund um die Post – um Briefe, Postkarten, Drucksachen, Eilbriefe und um E-Mails. Zunächst erkundigen Sie sich nach postlagernden Sendungen.

Please listen!

- Have you any letters for Miss Betty Forster, please?
- What's your name, please?
- Forster, Betty Forster.
- Would you spell your name, please?
- F-O-R-S-T-E-R, Forster.
- Thank you. Just a moment, please. Yes, there are two letters. Show me your passport, please.
- Here you are.
- Thank you.

Hören Sie bitte zu!

- Haben Sie Post (*Briefe*) für Miss Betty Forster bitte?
- Wie heißen Sie bitte?
- Forster, Betty Forster.
- Würden Sie bitte Ihren Namen buchstabieren?
- F-O-R-S-T-E-R, Forster.
- Danke. Einen Augenblick, bitte. Ja, da sind zwei Briefe. Zeigen Sie mir bitte Ihren Pass.
- Hier bitte.
- Danke.

○

Sie sehen, dass man manchmal auch in der Lage sein muss, zu buchstabieren. Hören Sie also gut zu:

a . . . b . . . c . . . d . . . e . . . f . . . g . . . h . . . i . . . j . . . k . . . l . . . m . . . n . . . o . . . p . . . q . . . r . . .
s . . . t . . . u . . . v . . . w . . . x . . . y . . . z . . .

Verwechseln Sie nicht die zwei Buchstaben ***e*** *(Aussprache: langes i) und* ***i*** *(Aussprache: ai).*

○

Go on speaking!

– How much is a/an	letter postcard telegram printed matter express letter	to	Germany? the United States? France? Italy? Spain?
– Wie viel kostet ein(e)	Brief Postkarte Telegramm Drucksache Eilbrief	nach	Deutschland? den Vereinigten Staaten? Frankreich? Italien? Spanien?

– Letters and postcards 48 (forty-eight) p.

– Briefe und Postkarten 48 Pence.

Sprechen Sie weiter!

Please listen carefully!

Bitte hören Sie aufmerksam zu!

– How much is this letter to Edinburgh?
– First class 27 (twenty-seven) p.

– Wie viel kostet dieser Brief nach Edinburg?
– Standard(-beförderung) (1. Klasse) 27 Pence.

– Where is a letter box, please?
– You can post your letter over there.

– Wo ist bitte ein Briefkasten?
– Sie können Ihren Brief da drüben einwerfen.

– I want to register this letter.
– Where is a letter box, please?
– There is a letter box for „LONDON AND ABROAD“ and one for „COUNTRY“.

– Ich möchte diesen Brief einschreiben lassen.
– Wo ist bitte ein Briefkasten?
– Da ist ein Briefkasten für „LONDON UND AUSLAND“ und einer für „LAND“ (*also für Großbritannien ohne London*).

– I'd like to send an e-mail?
– There's an internet-terminal.

– Ich möchte eine E-Mail senden?
– Dort ist ein Internet-Terminal.

Airmail, please

Express, please

And now relax and listen once again!

Und nun entspannen Sie sich und hören Sie noch einmal zu!

Erläuterungen

How much **is** ...? How much **are** ...?	Wie viel (*ist*) **kostet** ...? Wie viel (*sind*) **kosten** ...?
p. (*oder:* p) = pence	Ein Pfund = 100 Pence
a letter **to** Germany	ein Brief nach Deutschland

Merken Sie sich den Ausdruck: **Here you are** = hier bitte (*wörtlich: hier sind Sie ... bedient*).

Test

Ergänzen Sie die richtige Postsache.

Zur Kontrolle vergleichen Sie Ihre Eintragungen mit vorhergehendem Text.

How much is a/an ______________	to	Germany?	(Eilbrief)
______________		Italy?	(Postkarte)
______________		Spain?	(Brief)
______________		Austria?	(Drucksache)

And that's the end of this unit. — **Und das ist das Ende dieses Abschnitts.**

Till next time. — **Bis zum nächsten Mal.**

Take it easy! — **Nehmen Sie es leicht!**

Cassette two: end of side two — **Kassette 2: Ende der B-Seite**

Unit twenty-nine — Gespräch 29

This is the BBC — Hier ist die BBC

Schalten wir uns für ein paar Minuten bei der BBC ein und hören wir uns dort den Wetterbericht und die Zeitansage an. Es geht dabei um die Eigenschaftswörter und die Beugung der Hauptwörter.

Please listen carefully!	Bitte hören Sie aufmerksam zu!
This is the BBC.	Hier ist die BBC.
The official weather forecast for today:	Die amtliche Wettervorhersage für heute:
The cold and rainy weather will continue.	Das kalte und regnerische Wetter wird anhalten.
And now the time:	Und jetzt die Zeit:
It's exactly nine o'clock Greenwich Mean Time.	Es ist genau neun Uhr „Greenwich Mittlere Zeit".
And that's the end of the news.	Und das ist das Ende der Nachrichten.

○

Go on speaking! — Sprechen Sie weiter!

Und **etwas sehr Erfreuliches für Sie:** Die **Eigenschaftswörter sind im Englischen immer unveränderlich!** Es ist also ganz gleich, ob es z. B. im Deutschen „kalt, kalte, kalten, kalter" heißt, im Englischen steht dafür immer **cold.**

Hier haben Sie **eine kleine Auswahl** wichtiger Eigenschaftswörter, die Sie sich merken sollten. Hören Sie wieder zu und sprechen Sie nach:

Please listen and repeat! — Hören Sie zu und wiederholen Sie!

good – bad	gut – schlecht	cheap – expensive	billig – teuer
high – low	hoch – niedrig	interesting – boring	interessant – langweilig
wide – narrow	weit, breit – eng	English	englisch
long – short	lang – kurz	German	deutsch
rich – poor	reich – arm	French	französisch
sweet – sour	süß – sauer	Swiss	schweizerisch
strong – weak	stark – schwach	Italian	italienisch
hot – cold	heiß – kalt	Austrian	österreichisch

○

Is it	good? long? short? sweet? sour? cheap? expensive?	►	Yes, it is. No, it isn't.

○

Erläuterungen

The end of the news.

Der Ausdruck **the end of the news** gibt uns Gelegenheit, über die Beugung (Deklination) der Hauptwörter zu sprechen.

Den Genitiv (Wesfall) bildet man also, indem man das Wörtchen of (von) vor das Hauptwort stellt. Hören Sie zu:

1. Fall *(Nominativ)*:	the car	*(der Wagen)*
2. Fall *(Genitiv)*:	of the car	*(des Wagens)*
3. Fall *(Dativ)*:	(to) the car	*(dem Wagen)*
4. Fall *(Akkusativ)*:	the car	*(den Wagen)*

Mehrzahl: the trains, of the trains, (to) the trains, the trains (*die Züge*).
Der 1. und 4. Fall sind immer gleich.
Der 2. Fall wird mit **of** gebildet.
Der 3. Fall wird mit **to** gebildet. Dieses **to** fällt manchmal weg.

Neben dem 2. Fall mit **of,** den man meist bei Sachen verwendet, gibt es auch noch den so genannten besitzanzeigenden Wesfall:

This is **Mr Brown's house.**	Dies ist Herrn Browns Haus.
My parents' house.	Meiner Eltern Haus.

Man hängt also an die Einzahl des Hauptwortes **'s** an. Endet ein Hauptwort in der Mehrzahl auf -s, setzt man nur den Apostroph. Dieser 's-Fall wird meist bei Personen angewendet, um den Besitz auszudrücken.

Präpositionen (Verhältniswörter) haben im Englischen das **Hauptwort immer im 4. Fall** nach sich! Beispiele:

in the house	(in dem) im Haus
at the door	an der Tür
near the house	neben dem Haus

○
○ ○

BBC (British Broadcasting Corporation)	Britische Rundfunk- und Fernsehanstalt
official	offiziell, amtlich
weather forecast	Wettervorhersage
cold and rainy	kalt und regnerisch
to continue	anhalten, andauern
now	jetzt
the news	die Nachrichten, die Neuigkeit
the end	das Ende
the car	der Wagen, das Auto
the house	das Haus

Greenwich Mean Time (GMT) = WEZ (Westeuropäische Zeit)
Greenwich ist ein Vorort von London.

Test

Verbinden Sie nun die gegensätzlichen Wortpaare mit einer Linie.
Um zu überprüfen, ob Sie alles richtig gemacht haben, sollen Sie sich die Liste der Adjektive nochmals anhören.

good	poor
high	sour
wide	cold
long	weak
rich	bad
sweet	narrow
strong	low
hot	short
cheap	expensive

That's all for today. — **Das ist alles für heute.**

Bye-bye! — **Tschüs!**

Unit thirty

Gespräch 30

A phone call

Ein Telefonanruf

Susan will ihre Freundin Sandra sprechen. Sie ist aber nicht zu Hause. Hören Sie wieder gut zu und sprechen Sie möglichst perfekt nach! Es geht hier vor allem um das Wörtchen **not** *(nicht), also um die Verneinung.*

Please listen carefully!

Bitte hören Sie aufmerksam zu!

Is Sandra at home?

– Ist Sandra zu Hause?

No, she is not at home –
she is in town.

– Nein, sie ist nicht zu Hause, sie ist in der Stadt.

She'll (she will) be back again
at about six.
– All right, I'll phone at about
half past six.
– Goodbye!

Sie wird wieder zurück sein
um ungefähr sechs Uhr.
– Gut, ich werde ungefähr um
halb sieben anrufen.
– Auf Wiedersehen!

Go on speaking!

She [is not] at home.
in the house.
in the kitchen.
in the bedroom.
in the drawing room.
in the garden.

Peter is not at home.
He is not at home.
Susan is not in the kitchen.
She is not in the kitchen.
Peter and Susan are not in the garden.
They are not in the garden.

Sprechen Sie weiter!

Sie [ist nicht] zu Hause.
im Haus.
in der Küche.
im Schlafzimmer.
im Wohnzimmer.
im Garten.

Peter ist nicht zu Hause.
Er ist nicht zu Hause.
Susan ist nicht in der Küche.
Sie ist nicht in der Küche.
Peter und Susan sind nicht im Garten.
Sie sind nicht im Garten.

Erläuterungen

Peter **is** here.	→	He **is** not here.
Susan **is** here.	→	She **is** not here.
Peter and Susan **are** here.	→	They **are** not here.

They are not in the garden.	Sie sind nicht im Garten.
not	nicht
[at home – in town]	[zu Hause – in der Stadt]
again	wieder
at about six	ungefähr um sechs
to phone	telefonieren, anrufen
I'll (I shall/will) phone	ich werde anrufen
half past six	halb sieben *(halb nach sechs)*

Zu Ihrer Information:
Bei der Angabe einer Telefonnummer nimmt man im Englischen anstelle von **nought** (null) den Buchstaben **O** (gesprochen ou). Im Amerikanischen sagt man **zero:** z. B. 7043289.

Sprechen Sie weiter!

Hören Sie sich das Telefongespräch nochmals an. Halten Sie dazu den Tonträger an, bevor die Antwort kommt. Sagen Sie die Antwort selbst. Hören Sie sich dann die richtige Antwort nochmals an. Machen Sie solche und ähnliche selbstständige Sprechübungen auch bei den folgenden Gesprächen.

Test

Verneinen Sie die folgenden Sätze!

She is in the bedroom. ______________________

She is at home. ______________________

She is in town. ______________________

Are they in the garden? ______________________

Susan is in the kitchen. ______________________

Die Lösungen finden Sie in Unit 30.

And that's it for this unit!

Bye now!

Unit thirty-one

Gespräch 31

Breakfast is ready!

Das Frühstück ist fertig!

Susan bereitet das Frühstück vor: She is making the tea. – *Sie macht gerade den Tee. Und damit sind wir beim Thema dieser Unit: bei der Verlaufsform, die für das Englische so typisch ist.*

Please listen carefully!

– Where are you Susan?
– In the kitchen.
– What are you doing?
– I'm making the tea.
– What's for breakfast?
– Eggs and bacon.
– Super!
I'm very hungry this morning.
Where is the milk?
– In the refrigerator.
– And the sugar?
– On the table.

Bitte hören Sie aufmerksam zu!

– Wo bist du Susan?
– In der Küche.
– Was tust du?
– Ich mache den Tee.
– Was gibt's zum Frühstück?
– Eier und Speck.
– Super!
Ich habe heute Morgen großen Hunger.
Wo ist die Milch?
– Im Kühlschrank.
– Und der Zucker?
– Auf dem Tisch.

Go on speaking!

Die Verlaufsform:

Peter and Susan **drink** tea **every morning.** They **are drinking** tea **now.**

Sprechen Sie weiter!

Peter und Susan trinken jeden Morgen Tee.
Sie trinken jetzt *(sind trinkend)* Tee.

Auf diese letzten beiden Sätze sollen Sie besonders achten, denn sie zeigen, dass man im Englischen zwei Verbformen hat, um eine Handlung auszudrücken.

1. **I drink** tea every morning.	Ich trinke jeden Morgen Tee.
2. **I am drinking** tea now.	Ich trinke jetzt (gerade) Tee.

Mit dem 1. Satz wird ausgedrückt, dass ich **gewohnheitsmäßig,** also z. B. jeden Morgen, Tee trinke. Im 2. Satz wird gesagt, dass ich jetzt gerade dabei bin, Tee zu trinken. Man nennt diese Form daher **Verlaufsform.** Sie müssen also genau unterscheiden zwischen den beiden Formen **I drink** und **I am drinking.**

Formen der Gegenwart:

I drink He drinks She drinks We drink	tea	**every morning.**	**Ich trinke** Er trinkt Sie trinkt Wir trinken	**jeden Morgen**	Tee.

▲ Hier hängt man nur bei der 3. Person Einzahl ein **s** an, bei allen anderen Personen sind die Formen **gleich!**

I am He is She is We are	**drinking**	tea	**now.**	**Ich trinke** Er trinkt Sie trinkt Wir trinken	**jetzt**	Tee.

Erläuterungen

breakfast	**das** Frühstück	Bei Namen von Mahlzeiten fällt im Englischen der bestimmte Artikel (**the**) weg.
supper	**das** Abendessen	

the kitchen	– **in the** kitchen	die Küche	– in der Küche
the refrigerator	– **in the** refrigerator	der Kühlschrank	– im Kühlschrank
the table	– **on the** table	der Tisch	– auf dem Tisch

▲ Sie wissen bereits, dass **the** unveränderlich ist!

to do – doing	tun – tuend
I'm hungry	Ich *(bin hungrig)* habe Hunger
this morning	*(diesen)* heute Morgen
to make – making	machen – machend
(End-e fällt weg beim Anhängen von -ing!)	

Um die Verlaufsform zu bilden, wird an die Grundform des Zeitworts die Silbe -ing angefügt und die entsprechende Form von to be (sein) davorgestellt.

Auch hier kann man wieder **Kurzformen** verwenden:

I'm You're He's She's It's We're They're	drinking.	*Wörtlich:* *Ich bin trinkend ...* *Er ist trinkend ...* usw.

Take your time!

Lassen Sie sich Zeit!

Test

1 Fügen Sie die fehlenden Wörter ein!

What are you . . . .?

What's for . . . .?

Where is . . . .?

And the . . . .?

I'm making the . . . .

Eggs and . . . .

In the . . . .

On the . . . .

2 Schreiben Sie den folgenden Satz in allen Personen weiter und vergleichen Sie dann Wort für Wort, ob Sie alles richtig gemacht haben.

I'm drinking tea now. . . . .

. . . .

Vergleichen Sie Ihre Lösungen dieser Aufgaben anhand des vorhergehenden Textes.

Bye now and take it easy!

Tschüs dann und nehmen Sie's leicht!

Unit thirty-two

Gespräch 32

Where can I make a phone call, please?

Wo kann ich bitte telefonieren?

Sie stellen wieder viele Fragen mit Can I ...? *(Kann ich...?) oder mit* Could you ...? *(Könnten Sie ...?)*

Please listen carefully!

- Where can I make a phone call, please?
- Look, there is a telephone booth over there.
- Thank you very much.

Bitte hören Sie aufmerksam zu!

- Wo kann ich bitte telefonieren?
- Schauen Sie, da drüben ist eine Telefonzelle.
- Vielen Dank.

○

- Could you tell me the way to Victoria Station?
- Yes, certainly.
  Go straight along this road,
  until you come to the traffic lights
  and then turn to the left.
- Many thanks.

- Könnten Sie mir den Weg sagen zum Victoria Bahnhof?
- Ja, gewiss.
  Gehen Sie diese Straße geradeaus,
  bis Sie zu der Verkehrsampel kommen
  und gehen Sie dann links.
- Vielen Dank.

○

Could you	open the window?
	shut the door?
	give me some more tea?
	be here at six o'clock?

Könnten Sie	das Fenster öffnen?
	die Tür schließen?
	mir noch etwas Tee geben?
	um sechs Uhr hier sein?

○

Go on speaking!

Sprechen Sie weiter!

Where	can I can you can he can we	make a phone call?	Wo	kann ich kannst du kann er können wir	telefonieren?

Erläuterungen

I can, you can, **he can** ...

Vergangenheit: I **could**, you **could**, he **could** ...

Sie sehen: Beim Hilfszeitwort **can** steht in der 3. Person Einzahl kein **s**. Außerdem nimmt man bei der Frageform nicht **to do** zu Hilfe.

Nochmals: **he can** ..., where **can he** ...?, **she could** ..., where **could she** ...?

Test

Ergänzen Sie die fehlenden Wörter!

– . . . . the way to Victoria Station?

– Yes, certainly.
Go . . . . along this road, until you . . . . to the traffic lights and then . . . .

– Many thanks.

Kontrollieren Sie Ihre Eintragungen anhand des vorhergehenden Textes.

And that's it for today. **Das war's für heute.**

Till tomorrow! **Bis morgen!**

Bye now! **Tschüs!**

Unit thirty-three

Gespräch 33

What's that?

Was ist das?

Sie stellen jetzt viele nützliche Fragen und lernen dabei die Fragewörter kennen: What? *(was?)*, where? *(wo?)*, when? *(wann?)*, why? *(warum?)*, how? *(wie?)*.

Let's go!

What's that? That's a dictionary.
What are you doing? I'm working.
What's new? Nothing.

Dann also los!

Was ist das? Das ist ein Wörterbuch.
Was machen Sie? Ich arbeite.
Was gibt's Neues? Nichts.

Where is the station?

Wo ist der Bahnhof?

Over there!

Da drüben!

Where are you going? To the theatre.
Where do you come **from**?
From Munich.
Who is it? It's Peter.
Who has arrived? Peter.
When does the performance begin?
At eight.
When can you come?
At seven.

Why? Why not?

How are you?
Very well, thank you.

Wohin gehen Sie? Ins Theater.
Woher kommen Sie?
Von München.
Wer ist das? Es ist Peter.
Wer ist gekommen? Peter.
Wann beginnt die Vorstellung?
Um acht.
Wann können Sie kommen?
Um sieben.

Warum? Warum nicht?

Wie geht es Ihnen?
Danke, sehr gut.

How old is he?
He is seventeen years old.
How far is it to the station?
Ten minutes.
How much is that? Two dollars.
How much are those books?
Ten dollars.

Wie alt ist er?
Er ist siebzehn Jahre alt.
Wie weit ist es zum Bahnhof?
Zehn Minuten.
Wie viel kostet das? Zwei Dollar.
Wie viel kosten diese Bücher dort?
Zehn Dollar.

Test

Fügen Sie bei den folgenden Beispielen das richtige Fragewort ein.

. . . . does the performance begin? (Wann . . . . ?)

. . . . are you? (Wie . . . . ?)

. . . . are those books? (Wie viel . . . . ?)

. . . . are you going? (Wohin . . . . ?)

. . . . has arrived? (Wer . . . . ?)

. . . . can you come? (Wann . . . . ?)

Kontrollieren Sie Ihre Eintragungen anhand des vorhergehenden Textes.

Unit thirty-four

Gespräch 34

Do you speak English?

Sprechen Sie Englisch?

Diesen Satz kennen Sie wahrscheinlich schon. Es ist eine englische Eigenart, dass man Frage und Verneinung der selbstständigen Zeitwörter mit **to do** *= tun bildet.*

Selbstständige Zeitwörter sind Zeitwörter wie „arbeiten, spielen, schwimmen". Daneben gibt es noch Hilfszeitwörter, wie z. B. „sein" und „haben". Bei letzteren wird die Frageform nur durch Umstellen gebildet: I have. – Have you?; He can. – Can he?

Bei der Verneinung wird „not" *angefügt:*
I have. – I have not (I haven't); I can. – I cannot (can't).

Damit Sie schnell hinter das Geheimnis von **to do** *kommen, bringen wir Ihnen hier viele Beispiele. Hören Sie beim 1. Durchgang besonders aufmerksam zu, und sprechen Sie erst beim 2. oder auch 3. Anhören nach.*

Please listen and repeat!

Bitte hören Sie zu und sprechen Sie nach!

Do you speak English?	**Yes, I do.**	Sprechen Sie Englisch?	Ja *(ich tue).*
Do you speak German?	Yes, I do.	Sprechen Sie Deutsch?	Ja *(ich tue).*
Do you speak Italian?	Yes, I do.	Sprechen Sie Italienisch?	Ja *(ich tue).*

○

Go on speaking!

Sprechen Sie weiter!

Do you love Diana?	Lieben Sie/liebst du Diana? *(Tun Sie lieben ...?)*
Do you love Peter?	Lieben Sie/liebst du Peter?
Do you live in London?	Wohnen Sie in London?
Do you work in London?	Arbeiten Sie in London?
Do you like coffee?	Mögen Sie gern Kaffee?
Do you like tea?	Mögen Sie gern Tee?
Do you like cowboy movies?	Mögen Sie gern Cowboy-Filme?

○

Does he love Diana?	Liebt er Diana? *(Tut er lieben ...?)*
Does she love Peter?	Liebt sie Peter?
Does he live in London?	Wohnt er in London?
Does he work in London?	Arbeitet er in London?
Does she like coffee?	Mag sie gern Kaffee?
Does she like tea?	Mag sie gern Tee?
Does he like cowboy movies?	Mag er gern Cowboy-Filme?

▲
Sie sehen, der Engländer sagt:
Tut er lieben? Tut er wohnen? usw.

Um **Fragen** zu bilden, nimmt man bei **he, she** (und auch bei **it**) **does** und bei allen anderen Personen **do.**

○

Und nun die Antworten zu den vielen Fragen!

Sie sehen dabei, dass man das Wörtchen **do** *auch bei der* **Verneinung** *nimmt:*

do not = don't
does not = doesn't

Please listen and repeat!

Bitte hören Sie zu und wiederholen Sie!

No, I don't love Diana.	Nein, **ich liebe** Diana **nicht.**
I don't love Peter.	ich liebe Peter nicht.
we don't work in London.	wir arbeiten nicht in London.
No, he doesn't love Diana.	Nein, **er liebt** Diana **nicht.**
she doesn't love Peter.	sie liebt Peter nicht.
he doesn't work in London.	er arbeitet nicht in London.

Wörtlich: *Nein, ich tue nicht lieben ..., wir tun nicht arbeiten ..., er tut nicht lieben ..., er tut nicht arbeiten ...*
Man verwendet also auch hier wieder Kurzformen, und zwar für „do not" **don't** und für „does not" **doesn't.**

○

Hören Sie sich diese beiden Sätze möglichst oft an:

Do you speak English?	**Sprechen Sie** Englisch?
No, I don't speak English.	Nein, **ich spreche nicht** Englisch.

Erläuterungen

Genauso wie im Deutschen, könnten Sie zur Beantwortung dieser Fragen auch Kurzantworten verwenden. Der Engländer sagt aber dabei nicht einfach „ja" oder „nein", sondern er wiederholt die entsprechende Form von **to do**:

Do you love Diana?

Yes, I do.

Yes, I do. *oder:*
No, I do not (don't).

Sonderfall:
Man verwendet **do** nicht, wenn der Satz mit **who?** (wer?) beginnt:
Who loves Diana? Wer liebt Diana?

Übrigens: Das Wörtchen **do** kann auch ein selbstständiges Verb sein:

I do my work every morning.	Ich mache (tue) meine Arbeit jeden Morgen.
I do it for you.	Ich mache (tue) es für dich.

to live	leben, wohnen
to like	mögen, gern haben
How do you like it?	Wie gefällt es Ihnen (dir, euch)?
I'd like ... (I would like ...)	Ich möchte ... *(Ich würde lieben zu ...)*

Don't take it hard! — Nehmen Sie's nicht so schwer!

Cheerio! — Tschüs!

Test

Hören Sie sich die Beispiele mit *to do* nochmals an, bis Sie diese fließend aufsagen können. Übersetzen Sie dann alle Beispiele vom Deutschen ins Englische.

Verneinen Sie nun die folgenden Sätze:

1 I live in London.	2 I like tea.
3 He likes cowboy movies.	4 We like coffee.
5 I speak English and German.	6 Diana speaks Italian.
7 She loves Peter.	8 I love Helen.

Die Lösung dieser Aufgabe finden Sie im Lösungsteil im Anhang.

Unit thirty-five

Gespräch 35

At the exchange bureau

In der Wechselstube

Here we are again with a new conversation. *Sie führen ein Gespräch am Bankschalter und wollen Euro in Pfund wechseln lassen. Wir beschäftigen uns dabei mit den Zahlen ab 100.*

Please listen carefully!

Let's go and good luck!

- What can I do for you?
- **I'd like to change** some euros into pounds.
- How many euros do you want to change?
- Two hundred ...
- How would you like it? In fives, in tens or in twenties?
- In tens, please.
- Here you are.
- Thank you.

Bitte hören Sie aufmerksam zu!

Dann also los und viel Erfolg!

- Was kann ich für Sie tun?
- **Ich möchte** Euro in Pfund **wechseln lassen.**
- Wie viele Euro möchten Sie wechseln lassen?
- Zweihundert ...
- Wie möchten Sie es (das Geld)? In Fünfpfund-, in Zehnpfund- oder in Zwanzigpfundscheinen?
- In Zehnpfundscheinen, bitte.
- Hier bitte.
- Danke.

Go on speaking!

One hundred, two hundred, three hundred, four hundred, five hundred, six hundred, seven hundred, eight hundred, nine hundred, one thousand

Sprechen Sie weiter!

einhundert, zweihundert, dreihundert,
vierhundert, fünfhundert, sechshundert,
siebenhundert, achthundert, neunhundert,
eintausend

Erläuterungen

what?	was?
what can I do?	was kann ich tun?
for you	für Sie (dich, euch)
I'd like to ...	**Ich möchte ...**
I'd like to change some euros.	Ich möchte *(einige)* Euro wechseln lassen.
how many? (pounds)? **how much?** (money)?	**wie viele?** (Pfund)? **wie viel?** (Geld)?

How many euros do you want to change?	Wie viele Euro *(tun Sie wünschen)* möchten Sie wechseln lassen?
one hundred **two hundred** one thousand **two thousand**	Bei **hundred** und **thousand** kein Mehrzahl-s!

Test

Schreiben Sie nun diesen Minidialog und bringen Sie dabei die Sätze in die richtige Reihenfolge.

I'd like to change two hundred euros into pounds.
Thank you.
Here you are.
In tens please.
How would you like it?

Kontrollieren Sie Ihre Eintragungen anhand des vorhergehenden Textes.

Till tomorrow and do take it easy!

Bis morgen und nehmen Sie's leicht!

Unit thirty-six

Gespräch 36

What's the time, please?

Wieviel Uhr ist es, bitte? Wie spät ist es, bitte?

Nach der Uhrzeit könnten Sie auch so fragen: What time is it, please?
Wir wiederholen, wie man die Uhrzeit zur vollen Stunde angibt, damit Sie anschließend Verabredungen treffen können. Sie wissen ja: „practice makes perfect“ *(Übung macht den Meister).*

Please listen and repeat!

Bitte hören Sie zu und wiederholen Sie!

It's ...

Es ist ...

one o'clock

two o'clock

three o'clock

four o'clock

five o'clock

six o'clock

seven o'clock

eight o'clock

nine o'clock

ten o'clock

eleven o'clock

twelve o'clock

Go on speaking!

I have [an appointment] **at three.**
Ann has an appointment **at four.**
She has an appointment **at four.**
Peter has an appointment **at five.**
He has an appointment **at five.**

Sprechen Sie weiter!

Ich habe [eine Verabredung] um drei.
Anna hat eine Verabredung um vier.
Sie hat eine Verabredung um vier.
Peter hat eine Verabredung um fünf.
Er hat eine Verabredung um fünf.

at one, at two, at three, at four,
at five, at six, at seven, at eight,
at nine, at ten

um eins, um zwei ...

The train leaves at 8 a. m.
The bus arrives at 9 p. m.

Der Zug fährt um 8 Uhr früh ab.
Der Bus kommt um 9 Uhr abends an.

Erläuterungen

Meist steht im Englischen bei der Uhrzeit noch **a. m.** oder **p. m.** Um auszudrücken, dass es sich um einen Zeitpunkt am frühen Morgen oder am Vormittag handelt, setzt man hinter die Uhrzeit **a. m.** und **p. m.**, wenn es sich um einen Zeitpunkt am Nachmittag oder am Abend handelt.

Übrigens: **a. m.** kommt vom Lateinischen „ante meridiem" (vor Mittag) und **p. m.** von „post meridiem" (nach Mittag).

at five	**um** fünf

it's (it is) es ist

I have	ich habe
he has	er hat
she has	sie hat

Im Englischen hat man mehrere Wörter für Uhr. Das Wort **clock** verwendet man, um die Zeit auszudrücken. **The clock** heißt auch die Wanduhr oder Turmuhr im Gegensatz zu **watch** (Taschenuhr).

See you next time. Cheerio!

Bis bald. Tschüs!

Cassette three: end of side one

Kassette 3: Ende der A-Seite

Unit thirty-seven

Gespräch 37

Have a drink!

Nehmen Sie doch einen Drink!

Spielen Sie nun Gastgeber und bieten Sie Ihren Freunden Erfrischungen und Snacks an. Dabei trainieren Sie mit den wichtigen Ausdrücken: Have a ...! Have some ...! *Nehmen Sie doch ...! (Nimm doch ...!).*

Please listen and repeat!

Have some jam!
Have **some more** toast!
Have **another** piece of toast!
Have another cup of coffee!
Have a seat, please!
Have a glass of sherry!
Have a cigarette!
Have a drink!
Have a pleasant evening!

Bitte hören Sie zu und wiederholen Sie!

Nehmen Sie doch etwas Marmelade!
Nehmen Sie doch noch etwas Toast!
Nehmen Sie noch ein Stück Toast!
Nehmen Sie noch eine Tasse Kaffee!
Setzen Sie sich doch, bitte!
Nehmen Sie doch ein Glas Sherry!
Nehmen Sie doch eine Zigarette!
Nehmen Sie doch einen Drink!
Amüsieren Sie sich gut! Gute Unterhaltung!

Als höflicher Mensch fügen Sie bei all diesen Sätzen natürlich **please** (bitte) hinzu.

Go on speaking!

a cup **of** coffee, a cup **of** tea,
a glass **of** sherry,
a piece **of** toast

Sprechen Sie weiter!

Man sagt also im Englischen:
eine Tasse von ...,
ein Glas von ...,
ein Stück von ...
Also: Nach Mengenbegriffen das Wörtchen **of** nicht vergessen!

Erläuterungen

Da wir bereits vom Imperativ gesprochen haben, wissen Sie, dass **have a ...** im Deutschen „Nehmen Sie ...!“, „Nimm ...!“ oder „Nehmt ...!“ entspricht.

Merken Sie sich besonders gut die Ausdrücke:

Have a ...	*(Haben Sie ...)*	Nehmen Sie doch ...!
Have some more ...	*(Haben Sie etwas mehr ...)*	Nehmen Sie doch noch etwas ...!
Have another ...	*(Haben Sie ein anderes ...)*	Nehmen Sie noch ein ...!

Have a pleasant day! Einen schönen Tag noch!

Test

Sie haben Gäste und bieten Erfrischungen an.

Vervollständigen Sie die Aufforderungen und vergleichen Sie anschließend mit dem vorhergehenden Text.

Have a ....
Have a glass of ....
Have some ....
Have another ....

Unit thirty-eight

Gespräch 38

Excuse me ...

Entschuldigen Sie ...

Heute sind Sie in London unterwegs und Sie erkundigen sich nach dem Weg. Dabei lernen Sie weltbekannte Plätze und Straßen kennen, wie Trafalgar Square *oder* Regent Street. *Wir beschäftigen uns dabei mit Orts- und Zeitangaben.*

Please listen carefully!

– Excuse me, **can you tell me the way to** Trafalgar Square?
– Look, I'll show you on the map.
Here's Oxford Circus ...
Go down Regent Street to Piccadilly Circus, and then go down the Haymarket and in less than a minute you'll be in Trafalgar Square.
– Thank you very much!

Bitte hören Sie aufmerksam zu!

– Entschuldigen Sie, **können Sie mir den Weg zum** Trafalgar Square **sagen?**
– Schauen Sie, ich zeige es Ihnen auf der Karte.
Hier ist der Oxford Circus ...
Gehen Sie die Regent Street hinab zum Piccadilly Circus und dann gehen Sie die Haymarket (Straße) hinunter und in weniger als einer Minute sind Sie am Trafalgar Square.
– Vielen Dank!

Go on speaking!

Vielleicht antwortet man Ihnen auch so:

Take the first turning on the left.
the second turning on the right.

Sprechen Sie weiter!

Nehmen Sie die erste Querstraße links.
die zweite Querstraße rechts.

Straight on!
First right.
First left.

Geradeaus!
Erste (*Straße*) rechts.
Erste (*Straße*) links.

Opposite the station.	Gegenüber dem Bahnhof.
Look, there!	Schauen Sie, dort!
Near the hotel.	In der Nähe des Hotels.

How far is it ...		**Wie weit ist es ...**	
to Trafalgar Square?	► About five minutes.	zum Trafalgar Square?	► Ungefähr fünf Minuten.
to Oxford Street?	About ten minutes.	zur Oxford Street?	Ungefähr zehn Minuten.
to Regent Street?	About twenty minutes. minutes.	zur Regent Street?	Ungefähr zwanzig Minuten.
to Piccadilly Circus?	About half an hour.	zum Piccadilly Circus?	Ungefähr eine halbe Stunde.
to our hotel?	About a quarter of an hour.	zu unserem Hotel?	Ungefähr eine Viertelstunde.
to the airport?	Less than twenty minutes.	zum Flughafen?	Weniger als zwanzig Minuten.

– Is it far to the	cathedral? marketplace? pedestrian precinct? station? bus stop?	►	– No, just a few minutes. Take the first street on the left and then go straight ahead.
– Ist es weit zum (zur)	Dom? Marktplatz? Fußgängerzone? Bahnhof? Bushaltestelle?	►	– Nein, nur ein paar Minuten. Nehmen Sie die erste Straße links und gehen Sie dann geradeaus.

Erläuterungen

to excuse	entschuldigen
Excuse me ...	Entschuldigen Sie *(mich)* ...
Can you tell me ...?	**Können Sie mir sagen** ...?
I'll show you ...	**Ich werde** (es) Ihnen **zeigen** ..., Ich zeige (es) Ihnen ...
the map – on the map	die Karte – auf der Karte
go down the street go up the street	gehen Sie die Straße hinab gehen Sie die Straße hinauf
less than	weniger als („als" nach einer Steigerung immer **than**)
a few minutes a pair of gloves a pair of shoes	ein paar Minuten ein Paar Handschuhe ein Paar Schuhe

ein **paar** (einige) ...	a few, some ...
ein **Paar** (2 Stück) ...	a pair of ...

Can you tell me the way to ...?
Können Sie mir den Weg sagen zum (zur) ...?

then	**dann**
Go straight ahead!	Gehen Sie geradeaus!

Test

Antworten Sie mit mindestens vier Zeitangaben:

How far is it to Trafalgar Square?

About ....
About ....
Less than ....
About ....

Richtige Antwortsätze finden Sie im vorhergehenden Text.

Unit thirty-nine

At a bus stop

Gespräch 39

An einer Bushaltestelle

Sie erkundigen sich nach dem Bus, der zur Victoria Station *fährt:* **Which bus must I take to Victoria Station?** *Welchen Bus muss ich nehmen ...? Es geht also jetzt um* **which** *für ‚welcher', ‚welche', ‚welches'. Außerdem üben Sie mit wichtigen Ausdrücken, wie* **to go by bus** *‚mit dem Bus fahren' usw.*

Please listen carefully! Let's go!

– Which bus must I take toVictoria Station?
– You can take the bus that's coming now.
– Must I change?
– No, it goes direct to Victoria Station.

– Thank you very much.
– Not at all.

Bitte hören Sie gut zu! Los geht's!

– Welchen Bus muss ich nehmen zur Victoria Station?
– Sie können den Bus nehmen, der jetzt kommt.
– Muss ich umsteigen?
– Nein, er fährt direkt zur Victoria Station.

– Vielen Dank.
– Bitte sehr.

Once again!

Noch einmal!

Go on speaking!

– **Which bus**
goes | to Victoria Station, please? / to Hyde Park Corner, please?
– Look, the bus over there.

Do I have to change?

No, it goes straight to Victoria Station, to Hyde Park Corner.

Sprechen Sie weiter!

– **Welcher Bus**
fährt bitte | zum Victoria Bahnhof? / zur Hyde Park Corner?
– Schauen Sie, der Bus da drüben.

– Muss ich umsteigen?

– Nein, er fährt direkt zum Victoria Bahnhof, zur Hyde Park Corner.

Thank you very much. – Vielen Dank.

That's all right. – Bitte sehr.

Erläuterungen

which *(immer unveränderlich)*	welcher, welche, welches
which bus?	welcher Bus? welchen Bus?

you can take ...	Sie können ... nehmen	to go	gehen, fahren
the bus that (which) ...	der (den) Bus, welcher ...	**the bus** goes	der Bus fährt
		it goes	*(es)* er fährt

Sie wissen bereits, dass man „er" oder „sie" auf Sachen bezogen, im Allgemeinen mit **it** übersetzt.

Merken Sie sich besonders diese Ausdrücke:

to go **by bus** = mit dem Bus fahren
to go **by train** = mit dem Zug fahren

– **Thank you.** – **Not at all.** *oder:*
That's all right.
– Danke. – Bitte sehr.

Test

Bilden Sie nun selbst das Kurzgespräch!

That's all right.
Thank you very much.
No, it goes straight to Victoria Station.
Do I have to change?

____
____
____
____

See you around! **Also bis demnächst!**

Unit forty

Victoria Station next stop

Gespräch 40

Victoria-Bahnhof nächste Haltestelle

Sie sind jetzt in einem der berühmten roten Doppeldecker-Busse und sprechen mit dem Busfahrer.

Please listen carefully!

– Fares please, fares ...
Have you your ticket,
miss?
– No. Victoria Station, please.
Are there any empty seats upstairs?
– No, it's full upstairs.
– Could you tell me, when to get off,
please?
– Yes, all right.
Fares please, fares ...
Victoria Station next stop.
You must get off, miss.

Bitte hören Sie aufmerksam zu!

– Fahrgeld, bitte, Fahrgeld ...
Haben Sie einen Fahrschein,
Miss?
– Nein, Victoria-Bahnhof, bitte.
Sind oben noch Plätze frei?
– Nein, oben ist es voll.
– Könnten Sie mir bitte sagen,
wann ich aussteigen muss?
– Ja, sicher.
Fahrgeld bitte, Fahrgeld ...
Victoria-Bahnhof nächster Halt.
Sie müssen aussteigen, Miss!

Go on speaking!

fare – bus fare
ticket
empty – empty seats
any
full
upstairs – downstairs
next stop
to get **on** the bus
to get **off**

Sprechen Sie weiter!

Fahrpreis – Fahrpreis für den Bus
Fahrkarte
leer, frei – freie *(Sitze)* Plätze
(irgend-)welche, (irgend)ein(e)
voll
oben *(die Treppe hinauf)* – unten
nächste Haltestelle, nächster Halt
in den Bus einsteigen
aussteigen

Test

Ergänzen Sie die fehlenden Wörter!

Anschließend überprüfen Sie Ihre Eintragungen anhand des Dialogtextes.

– Fares please, fares ...
  Have you ... ticket, miss?
– No. Victoria Station, please.
  Are there ... upstairs?
– No, it's ...upstairs.
– Could you tell me, when ..., please?
– Yes, all right.
  Fares please, fares ...
  Victoria Station ...
  You must ..., miss.

Lesen Sie jetzt das Gespräch im Bus. Bitte hören Sie sich nochmals Unit 39 an, falls Sie dabei Schwierigkeiten haben.

– Which bus must I take to Victoria Station?
– You can take the bus that's coming now.
– Must I change?
– No, it goes direct to Victoria Station.
– Thank you very much.
– Not at all.

And now relax and have a break!

Entspannen Sie sich und machen Sie eine Pause!

Good luck and take it easy!

Viel Glück und nehmen Sie's leicht!

Unit forty-one

The London Underground

Gespräch 41

Die Londoner U-Bahn

Mit der Londoner U-Bahn zu fahren ist sehr einfach, denn die U-Bahnlinien sind auf dem Übersichtsplan durch verschiedene Farben deutlich gekennzeichnet.

Die wichtigsten Linien sind: VICTORIA LINE, CENTRAL LINE, CIRCLE LINE, PICCADILLY LINE, NORTHERN LINE, BAKERLOO LINE, DISTRICT LINE, METROPOLITAN LINE *und die* JUBILEE LINE *(Jubiläums-Linie), die zum silbernen Regierungsjubiläum der Königin eröffnet wurde.*

Am besten kaufen Sie sich eine Travel Card. *Sie können damit Busse, U-Bahn und die Vorortzüge benutzen. Mithilfe dieses Gesprächs lernen Sie die regelmäßigen und unregelmäßigen Formen des Perfekts kennen.*

Please listen carefully!

Go as you please by tube, by bus and by train.

– Can you tell me how
I can get to ...
– It's on the VICTORIA LINE –
that's **the light blue line.**
It's on the CENTRAL LINE –
that's **the red one.**
It's on the CIRCLE LINE –
that's **the yellow one.**
It's on the NORTHERN LINE –
that's **the black one.**
It's on the DISTRICT LINE –
that's **the green one.**
Got it?
– Yes, thank you.
Do I have to change?
– No, it goes straight to ...

Bitte hören Sie aufmerksam zu!

Fahren Sie, wie Sie mögen, mit U-Bahn, Bus und Zug.

– Können Sie mir sagen, wie
ich zum (zur) ... komme?
– Es liegt auf der Victoria Line –
das ist die hellblaue Linie.
Es liegt auf der Central Line –
das ist die rote.
Es liegt auf der Circle Line –
das ist die gelbe.
Es liegt auf der Northern Line –
das ist die schwarze.
Es liegt auf der District Line –
das ist die grüne.
Kapiert?
– Ja, danke.
Muss ich umsteigen?
– Nein, sie fährt direkt zum
(zur) ...

○

Go on speaking! / Sprechen Sie weiter!

Die regelmäßigen Formen des Imperfekts

I	ask	a taxi driver.	Ich	frage	einen Taxifahrer.
I	asked	a policeman.	Ich	fragte	einen Polizisten.

Um das Imperfekt (fragte) zu bilden, hängt man ganz einfach -ed an den Infinitiv an!
Und das ist dabei das Einfache: Diese Form mit -ed ist **bei allen Personen gleich:**
I **asked**, you **asked**, he **asked**, she **asked**, we **asked**, they **asked.**

Besonderheiten bei der Schreibweise

- Verben, die auf -e enden, hängen nur ein **-d** an:

I arrive	– I arrived
I like	– I liked
I smoke	– I smoked
I telephone	– I telephoned

- Verben mit **kurzem und betontem Vokal**, verdoppeln den Endkonsonanten, wenn **-ed** angehängt wird:

I beg	ich bitte	– I begged	ich bat
I stop	ich halte	– I stopped	ich hielt

- Steht am Ende eines Verbs ein y, dann verwandelt sich dieses in **-ie**, wenn ein Konsonant vorausgeht:

I try	ich versuche	– I tried
I carry	ich trage	– I carried

Please listen and repeat!

Bitte hören Sie zu und sprechen Sie nach!

I work	– I worked	– I have worked
I play	– I played	– I have played
I telephone	– I telephoned	– I have telephoned
I try	– I tried	– I have tried
ich arbeite	– ich arbeitete	– ich habe gearbeitet
ich spiele	– ich spielte	– ich habe gespielt
ich telefoniere	– ich telefonierte	– ich habe telefoniert
ich versuche	– ich versuchte	– ich habe versucht

Merken Sie sich besonders: I **have** been – ich **bin** gewesen

Die unregelmäßigen Formen

Es gibt im Englischen auch **unregelmäßige** Formen des Imperfekts, z. B. to **give** (geben) – **gave** (gab) – **given** (gegeben).
Von jedem unregelmäßigen Zeitwort müssen Sie sich also drei Formen merken.

1. **Präsens**
   I give, he gives usw. — ich gebe, er gibt usw.
2. **Imperfekt**
   I gave, he gave usw. — ich gab, er gab usw.
3. **Perfekt**
   I have given, he has given usw. — ich habe gegeben, er hat gegeben usw.

Eine Liste der unregelmäßigen Verben finden Sie im Anhang.

the red **one** — die rote (Linie)

Um das Hauptwort nicht wiederholen zu müssen, wird es durch **one** – in der Mehrzahl durch **ones** – ersetzt.

Kapiert?/ Verstanden?

Sie (die U-Bahn) fährt direkt nach ...

Bye now!

Tschüs!

Erläuterungen

Für **underground** gibt es auch das häufig gebrauchte Wort **tube** (wörtlich: Röhre). In den USA heißt die U-Bahn **subway**. Mit diesem Wort bezeichnet man in England eine Fußgänger-Unterführung.

Do I have to change?
oder: Must I change?

Muss ich umsteigen?

EXIT oder WAY OUT — AUSGANG
EXIT ONLY — NUR AUSGANG
SWEETS AND CIGARETTES — SÜSSWAREN UND ZIGARETTEN

Test

Wordsearch – Wortsuche

In dieser Wörterbox sind die englischen Wörter für vier Farben enthalten. Welche?

R	A	G	A	O	S
A	G	R	E	B	L
B	R	E	D	L	I
L	O	E	E	A	S
U	K	N	O	C	T
E	S	A	S	K	O

Die Lösung finden Sie im Lösungsteil im Anhang.

Unit forty-two

At a restaurant

Gespräch 42

Im Restaurant

Here we are again with a new conversation, *die wir heute im Restaurant führen. Testen Sie mit uns die englische Küche, die viel besser als ihr Ruf ist.*

Please listen carefully!

- Have you got a table for two, please?
- Well, those tables are reserved. Is this table all right?
- Yes.
- Here's the menu.

Bitte hören Sie aufmerksam zu!

- Haben Sie bitte einen Tisch für zwei (*Personen*)?
- Nun, diese Tische sind reserviert. Passt Ihnen der Tisch da?
- Ja.
- Hier ist die Speisekarte.

○

Go on speaking!

THE MENU

Clear soup
Mushroom soup
Veal escalope with spaghetti
Roast chicken and roast potatoes
Chicken salad
Fish salad
Egg salad
Fruit salad
Ice-cream
Peach melba
Cheese

Tea
Coffee
Wine
Beer

Sprechen Sie weiter!

SPEISEKARTE

Fleischbrühe, Bouillon
Champignonsuppe
Kalbsschnitzel mit Spaghetti
Brathähnchen und Röstkartoffeln
Geflügelsalat
Fischsalat
Eiersalat
Obstsalat
Eis
Pfirsich Melba
Käse

Tee
Kaffee
Wein
Bier

○

Please listen carefully!

Now, would you like soup or hors d'œuvre?

– Soup, please.
– Clear soup?
– Yes, please.
– I'll have that too.
Will you choose a main dish?

– **Is there any** veal?
– There is a veal escalope.
Escalope Milanaise.
With spaghetti?
– Oh yes, with spaghetti, please.
– With spaghetti. And I'll have a ...
No, I'll have the same.
Two escalopes Milanaise with spaghetti.
And what sweet would you like?
– What about a peach melba?
– Yes, I'd love a peach melba.
– Right, that's settled then.

– And to drink, madam?

Have you got a nice bottle of Italian wine?

We have a very good Chianti, madam.

– Yes, a bottle, please.

Bitte hören Sie gut zu!

– Nun, möchtest du Suppe oder Vorspeise?
– Suppe bitte.
– Bouillon?
– Ja, bitte.
– Ich nehme das auch.
Willst du ein Hauptgericht auswählen?

– **Gibt es** Kalbfleisch?
– Es gibt ein Kalbsschnitzel.
Wienerschnitzel.
Mit Spaghetti?
– Oh ja, mit Spaghetti bitte.
– Mit Spaghetti. Und ich werde nehmen ein ...
Nein, ich werde dasselbe nehmen.
Zwei Wienerschnitzel mit Spaghetti.
Und was für eine Nach-(*Süß*-)Speise möchtest du?
– Wie wär's mit einer Pfirsich Melba.
– Ja, ich möchte gern eine Pfirsich Melba.
– In Ordnung, das ist dann entschieden.

– Und zu trinken, Madam?

– Haben Sie eine schöne Flasche italienischen Wein?

– Wir haben einen sehr guten Chianti, Madam.
– Ja, eine Flasche bitte.

Go on speaking!

A bottle of red wine, white wine,
light ale, pale ale,
lager, stout, draught beer,
a bitter, **please**.

A glass of orange juice, tomato juice,
lemon squash,
lemon juice, soda water, please.

Sprechen Sie weiter!

Eine Flasche Rotwein, Weißwein,
helles Bier, (sehr) helles Bier,
Lagerbier, Starkbier, Bier vom Fass,
ein Bitter, **bitte**.

Ein Glas Orangensaft, Tomatensaft,
Zitronenfruchtsaft,
Zitronensaft, Sodawasser bitte.

– Waiter!
I'd like to pay.
– Together?
– Yes, both together.

– Kellner!
Ich möchte zahlen.
– Zusammen?
– Ja, zusammen.

Erläuterungen

the menu	die Speisekarte, das Menü
hors d'œuvre	Vorspeise (Engländer sprechen das Wort so gut wie möglich französisch aus)
clear soup	Fleischbrühe, Bouillon
generally	im Allgemeinen
to choose (chose, chosen)	**wählen**
the main dish	der Hauptgang, das Hauptgericht
veal escalope	Kalbsschnitzel
escalope Milanaise	Wienerschnitzel (Schnitzel auf Mailänder Art)
the same	dasselbe
sweet	süß
the sweet	die Nach(Süß-)Speise
sweets	Bonbons, Süßigkeiten
peach melba	Pfirsich Melba
I'd love ...	**Ich möchte sehr gern ...**
a bottle of wine	eine Flasche Wein

Italy – Italian	Italien – italienisch
SERVICE INCLUDED	BEDIENUNG INBEGRIFFEN
SERVICE NOT INCLUDED	BEDIENUNG NICHT INBEGRIFFEN
COVER CHARGE ...	PREIS FÜR GEDECK ...

Is there any veal? **Is there any ...?** **Are there any restaurants?**	*sagt man für*	Gibt es ...? *(Ist da irgendein ...)* **Gibt es ...?**, wenn ein Wort in der **Einzahl** folgt.
Are there any ...?	*sagt man für*	**Gibt es ...?**, wenn ein Wort in der **Mehrzahl** folgt.

And now relax!

Und jetzt erholen Sie sich!

Test

Ordnen Sie den Dialog.

1 Right, that's settled then.
2 Here's the menu.
3 Have you got a table for two, please?
4 Will you choose a main dish?
5 Clear soup?
6 Well, those tables are reserved. Is this table all right?
7 What about a peach melba?
8 Is there any veal?
9 Oh yes, with spaghetti, please.
10 There is a veal escalope.

Schreiben Sie bitte in allen Personen:

I have worked ....

....

I have been ....

....

Die Lösungen finden Sie im Lösungsteil im Anhang.

Unit forty-three

Gespräch 43

The menu

Die Speisekarte

Hier eine Liste der wichtigsten Speisen und Getränke. Unsere Moderatorin spricht Ihnen die Speisekarte deutlich vor.

Please listen and repeat!

Bitte hören Sie zu und wiederholen Sie!

SOUPS	SUPPEN
clear soup / broth	Fleischbrühe
chicken broth	Hühnerbrühe
oxtail soup	Ochsenschwanzsuppe
mushroom soup	Pilzsuppe
rice soup	Reissuppe
tomato soup	Tomatensuppe
vegetable soup	Gemüsesuppe

○

HORS D'ŒUVRES	VORSPEISEN
grapefruit	Grapefruit
tomato juice	Tomatensaft
fruit juice	Obstsaft
Russian eggs	Russische Eier
melon	Melone
anchovies	Sardellen
crabs	Krabben

○

MEAT	FLEISCH
beef	Rindfleisch
roast beef	Rinderbraten
beefsteak	Beefsteak

veal	Kalbfleisch
mutton	Hammelfleisch
pork	Schweinefleisch
ham	Schinken
bacon	Speck
sausage	Wurst
escalope	Schnitzel
veal escalope	Kalbsschnitzel
gammon	geräucherter Schinken
cutlet/chop	Kotelett
lamb cutlet/chop	Lammkotelett
pork chop	Schweinekotelett
duck	Ente
chicken	Huhn
fillet	Filet
fillet steak	Filetsteak
beefburger	Frikadelle (aus Rindfleisch)
kidney	Niere
fricassee	Frikassee
mixed grill	Grillteller
minute steak	kurz gegrilltes Steak
turkey	Truthahn
rib	Rippchen
rabbit	Kaninchen
hot pot, stew	Eintopf
Irish stew	Eintopf (aus Hammelfleisch und Gemüse)
lamb	Lamm

○

knife, fork, spoon	Messer, Gabel, Löffel
plate	Teller
saucer, cup	Unterteller, Tasse
napkin	Serviette

○

VEGETABLES	GEMÜSE
cauliflower	Blumenkohl
peas	Erbsen
French beans	grüne Bohnen
asparagus	Spargel

artichokes	Artischocken
carrots	Karotten
spinach	Spinat
cabbage	Kohl
red cabbage	Rotkohl, Blaukraut
aubergine, egg-plant	Aubergine

SALAD	SALAT
mixed salad	gemischter Salat
green salad	grüner Salat
tomato salad	Tomatensalat
potato salad	Kartoffelsalat
salad dressing	Salatsoße
chicken salad	Geflügelsalat
cucumber salad	Gurkensalat

FISH	FISCH
salmon	Lachs
trout	Forelle
pike	Hecht
codfish	Kabeljau
herring	Hering
eel	Aal
crayfish	Krebse
lobster	Hummer
oysters	Austern
sardines	Sardinen
fish and chips	Fisch und Pommes Frites
sea food	Meeresfrüchte

DESSERT	NACHTISCH
peach melba	Pfirsich Melba
whipped cream	Schlagsahne
sweets	Süßspeisen
sorbet	Fruchteis
ice/ice cream	Eis
ice cream sundae	Eisbecher
cheesecake	Käsekuchen
apple pie/tart	Apfelkuchen
pastries	Kleingebäck
fruit tart	Obstkuchen
fruit cake	Teekuchen
biscuits	Kekse
pancake	Pfannkuchen
fruit	Obst

CHEESE	KÄSE
Cheddar	(fetter) Hartkäse
Cheshire	(milder) Hartkäse
blue cheese	Schimmelkäse
cream cheese	Streichkäse (Frischkäse)
cottage cheese	Hüttenkäse
Emmenthal	Emmentaler
cheeseboard	Käseplatte
curd cheese	Quark

BREAD	BROT
white bread	Weißbrot
black bread	Schwarzbrot
pumpernickel	Pumpernickel
crispbread	Knäckebrot
sandwich	belegtes Brot

pepper, salt	Pfeffer, Salz
mustard	Senf
vinegar	Essig
oil	Öl
vegetable oil	Pflanzenöl

Enjoy your meal!

Guten Appetit!

Test

Hier ist Einiges durcheinander gekommen! Ordnen Sie die Speisekarte nach drei Speisegruppen.

cauliflower	pork chop	peas
crayfish	French beans	sardines
trout	carrots	aubergine
mutton	veal	ham
oysters	lamb	spinach
beef	pike	artichokes
lobster	escalope	codfish

fish	meat	vegetables

Die Lösung finden Sie im Lösungsteil im Anhang.

Cassette three: end of side two

Kassette 3: Ende der B-Seite

Unit forty-four

Gespräch 44

When did the train arrive?

Wann kam der Zug an?

Die Fragestellung verrät Ihnen schon, dass wir uns diesmal mit der Vergangenheit von **to do** *beschäftigen:* **When did ...?** *Außerdem beschäftigen wir uns mit Zeitanganben, mit Wochentagen, Monatsnamen und Jahreszeiten. Zunächst aber zur Wiederholung ein paar Beispiele mit dem Satzmuster:* **When does ...?**

Please listen and repeat!

Bitte hören Sie zu und wiederholen Sie!

When	does	the bus leave?	Wann fährt der Bus ab?
When	does	the performance begin?	Wann beginnt die Vorstellung?
When	does	it begin?	Wann beginnt sie?
When	does	it end?	Wann ist sie zu Ende?

△
Bei Sachen ‚it'

○

Auch Fragen mit dem Verb im Perfekt sind einfach zu bilden:
Anstelle von **do** oder **does** sagen Sie einfach **did**. Also:

When	did	the train arrive?	Wann kam der Zug an *(tat der Zug ankommen)*?
When	did	the bus leave?	Wann fuhr der Bus ab?
When	did	the banks open?	Wann öffneten die Banken?
When	did	the shops close?	Wann schlossen die Geschäfte?

○

The answers:

Die Antworten:

At six, at seven, at eight, at nine, at ten, at eleven, at twelve.	**Um** sechs, um sieben, um acht, um neun, um zehn, um elf, um zwölf.

○

Go on speaking!

Sprechen Sie weiter!

WOCHENTAGE

When can you come?
On Sunday.
Monday.
Tuesday.
Wednesday.
Thursday.
Friday.
Saturday.

Wann können Sie kommen?
Am Sonntag.
Montag.
Dienstag.
Mittwoch.
Donnerstag.
Freitag.
Samstag.

Nicht verwechseln!	**Tuesday** Dienstag **Thursday** Donnerstag

!

SATURDAY		SUNDAY		MONDAY		TUESDAY		WEDNESDAY
the day before yesterday	←	yesterday	←	today	→	tomorrow	→	the day after tomorrow
vorgestern		gestern		heute		morgen		übermorgen

ZEITANGABEN

When did the bus leave?
this morning, this afternoon,
this evening
tonight
yesterday morning, yesterday
afternoon, yesterday evening
not today,
not yesterday

Wann fuhr der Bus ab?
(diesen) heute Morgen, heute Nachmittag
heute Abend
heute Abend/heute Nacht
gestern Morgen, gestern
Nachmittag, gestern Abend
nicht heute,
nicht gestern

MONATSNAMEN

When did you come?
in January, February, March, April, May, June, July, August, September, October, November, December

Wann kamst du (kamen Sie)?
im Januar, Februar, März, April, Mai, Juni, Juli, August, September, Oktober, November, Dezember

Die Namen der Wochentage und Monate schreibt man immer groß!

JAHRESZEITEN

in spring, summer, autumn, winter

im Frühling, Sommer, Herbst, Winter

And now relax and keep smiling!

Entspannen Sie sich!

Test

Übersetzen Sie nun bitte die folgenden Sätze ins Englische!

Wann fährt der Bus ab? ....

Wann beginnt die Vorstellung? ....

Wann beginnt sie? ....

Wann ist sie zu Ende? ....

Wann *(tat der Zug ankommen)*
kam der Zug an? ....

Wann fuhr der Bus ab? ....

Wann öffneten die Banken? ....

Wann schlossen die Geschäfte? ....

Die richtigen Übersetzungen finden Sie im Text der vorhergehenden Unit.

Unit forty-five

Gespräch 45

At the bank

Auf der Bank

Here we are again with a new conversation. *Diesmal wieder am Bankschalter. Es geht also hier wieder um* **pounds**, **euros** and **dollars**. *Dabei lernen Sie nicht nur die großen Zahlen kennen, sondern auch Jahreszahlen.*

Please listen carefully!

– Yes? What can I do for you?
– I'd like to cash some money.
Here is the traveller's cheque.
– How much would you like to cash?
– A hundred pounds.
– Your passport, please.
– There you are.

Bitte hören Sie gut zu!

– Ja? Was kann ich für Sie tun?
– Ich möchte Geld abheben.
Hier ist der Reisescheck.
– Wieviel möchten Sie abheben?
– Hundert Pfund.
– Ihren Pass, bitte.
– Hier, bitte.

I'd like to change some euros into pounds.
– How many euros do you want to change?
– Two hundred.
– Yes. Would you sign the cheque just here?
You'll get the money at the cash desk.

Ich möchte noch Euro in Pfund umwechseln.
– Wie viele Euro wollen Sie wechseln?
– Zweihundert.
– Ja. Würden Sie den Scheck hier unterschreiben?
Das Geld bekommen Sie an der Kasse.

Go on speaking!

– I'd like to cash ...

one hundred, two hundred, three hundred, four hundred, five hundred, six hundred, seven hundred, eight hundred, nine hundred, **one thousand**, two thousand pounds.

Sprechen Sie weiter!

– Ich möchte ... abheben

100, 200, 300, 400, 500, 600, 700, 800, 900, **1 000**, 2 000 Pfund.

Erläuterungen

Please listen and repeat!

Bitte hören Sie zu und wiederholen Sie!

215 = two hundred and fifteen
326 = three hundred and twenty-six
635 = six hundred and thirty-five
} Bindestrich zwischen Zehner und Einer!
1 000 = a **thousand** oder – wenn Sie „ein" betonen wollen – **one** thousand

○

Eine Million = a (one) **million**
million hat kein Plural ‚s', wenn eine weitere Zahl folgt:
2 600 000 = **two million** six hundred thousand

Es hat aber einen Plural ‚s', wenn keine weitere Zahl folgt:
millions of people = Millionen Leute.

Beispiele für **Jahreszahlen**:

1999 nineteen (hundred and) ninety-nine
2003 two thousend and three
2004 two thousend and four
2005 two thousend and five
} Wie Sie hören, drückt man sich in der Umgangssprache kürzer aus.

○

Hier sind die Namen einiger Länder und ihrer Währungen, die Sie kennen sollten:

Country	Currency	Land	Währung
Great Britain	pound, pence, penny	Großbritannien	Pfund, Pence
U. S. A.	dollar, cent	U. S. A.	Dollar, Cent
Germany	euro, eurocent	Deutschland	Euro, Eurocent
Austria	euro, eurocent	Österreich	Euro, Eurocent
France	euro, eurocent	Frankreich	Euro, Eurocent
Belgium	euro, eurocent	Belgien	Euro, Eurocent
Italy	euro, eurocent	Italien	Euro, Eurocent
Spain	euro, eurocent	Spanien	Euro, Eurocent
Switzerland	Swiss franc	Schweiz	Schweizer Franken

Test

1 Tragen Sie die fehlenden Wörter ein!

– . . . . euros do you want
to change?
– Two hundred.
– Yes. Would you . . . . the cheque just here?
You'll get the money at the . . . .

2 Schreiben Sie weiter!
one hundred two hundred . . . .
. . . . thousand

3 Schreiben Sie bitte diese Ländernamen auf Englisch:

Deutschland Frankreich Italien Österreich Spanien

. . . .

Die Lösungen finden Sie im vorhergehenden Text.

That's enough for this unit! Bye now!

Unit forty-six

Gespräch 46

At the petrol station

An der Tankstelle

Sie lassen voll tanken und sagen: **Fill her up, please!** *Vielleicht können Sie sich denken, was mit* **her** *gemeint ist. Wenn nicht, dann finden Sie die Erklärung am Ende dieser Unit.*

Werden Sie nun fit rund um das Thema Auto und hören Sie wieder aufmerksam zu.

Plesase listen carefully!

- Fill her up, please!
- Normal or super?
- No, diesel.
- Ah, yes ...
  Anything else?

- Yes, put a little oil in, please.
- Is everything o. k. now?
  Carburetor? Tyres? Brakes?
  Headlights?
- Yes, thank you, everything is
  o. k. now.

- Should I wash the car, **too**?
- How long will it take?
- A quarter of an hour
  at the most.
- Yes, please.

  Where's the ladies', please?
- Over there, next to the
  mini market.

Bitte hören Sie aufmerksam zu!

- Bitte voll tanken!
- Normal oder Super?
- Nein, Diesel.
- Ach ja ...
  Sonst noch etwas?

- Ja, füllen Sie bitte etwas Öl nach.
- Ist jetzt alles in Ordnung?
  Vergaser? Reifen? Bremsen?
  Scheinwerfer?
- Ja, danke, alles ist
  jetzt okay.

- Soll ich den Wagen **auch** waschen?
- Wie lange dauert das?
- Eine Viertelstunde
  höchstens.
- Ja, bitte.

  Wo ist bitte die Damentoilette?
- Gleich hier, neben dem
  Minimarkt.

Go on speaking!

Sprechen Sie weiter!

Vielleicht lassen Sie auch noch andere Teile Ihres Wagens prüfen:

Could you check	the battery, please ?	Könnten Sie bitte	die Batterie prüfen ?
	the starter		den Anlasser
	the exhaust system		die Auspuffanlage
	the brake fluid		die Bremsflüssigkeit
	the first, second, third, fourth gear		den ersten, zweiten, dritten, vierten Gang
	the transmission		das Getriebe
	the clutch		die Kupplung
	the tyre pressure		den Reifendruck

Weitere Beispiele:

the oil filter	den Ölfilter
the oil pump	die Ölpumpe
the reverse	den Rückwärtsgang
the disc brakes	die Scheibenbremsen
the shock absorbers	die Stoßdämpfer
the ignition	die Zündung
the sparking plugs	die Zündkerzen
the distributor	den Verteiler
the water and oil	das Wasser und Öl

▲
An diesen Beispielen sehen Sie wieder deutlich, dass die Artikel im Englischen unveränderlich sind.

Weitere nützliche Wörter:

mechanic	Automechaniker
petrol can	Benzinkanister
diesel oil	Dieselöl
lead-free, unleaded (USA)	bleifrei
spare parts	Ersatzteile
antifreeze	Frostschutzmittel
jack	Wagenheber
driving licence	Führerschein
insurance certificate	Versicherungskarte
accident	Unfall
air pressure	Luftdruck
headlight bulb	Scheinwerferlampe
key	Schlüssel

DETOUR UMLEITUNG

The car doesn't start.	Der Wagen springt nicht an.
Could you give me a tow?	Können Sie mich abschleppen?
I'd like the battery charged.	Ich möchte die Batterie aufladen lassen.
... doesn't work.	... funktioniert nicht.
Could you change the tyre, please?	Könnten Sie bitte den Reifen wechseln?

○

Erläuterungen

Fill her up! Wörtlich: Füllen Sie *sie* (die Maschine) auf! Sie wissen bereits, dass man zur Bezeichnung von Dingen im Englischen **it** gebraucht. Eine Ausnahme zu dieser Regel bilden aber Dinge, die eine Maschine haben, z. B. Schiffe oder Autos. Deshalb: *Fill **her** up!* In der Umgangssprache allerdings auch: *Fill **it** up!* Zwei weitere Ausnahmen sind **the sun** (die Sonne) und **the moon** (der Mond). Wenn man von der Sonne spricht, sagt man oft **he ...** und zum Mond **she ...** In der Umgangssprache sagt man aber auch hier meist **it**.

Once again! — Noch einmal!

Congratulations! — Glückwunsch!

where's? = where is?
here's = here is,
there's = there is

Das Wörtchen *auch* kann man im Englischen mit **also** (vorgestellt) oder mit **too** (immer nachgestellt) übersetzen.

petrol station — Tankstelle
USA: gas station, filling station

an hour, a quarter of an hour, half an hour — eine Stunde, eine Viertelstunde, eine halbe Stunde
▲
Nicht zu verwechseln mit: a lesson (eine Unterrichtsstunde)

to check — „checken", überprüfen, kontrollieren

1 gallon (Gallone) = 4,5 Liter
An allen großen Tankstellen finden Sie nicht nur den Preis für die **gallon**, sondern auch für den **litre** (Liter) angegeben.

UK **half an hour** USA **a half hour**	eine halbe Stunde
UK **a quarter of an hour** USA **a quarter hour**	eine Viertelstunde

Ebenso: UK **half a litre, half a kilo**
USA **a half liter, a quarter liter**

SERVICE AREA	RASTSTÄTTE MIT TANKSTELLE

Test

Tragen Sie die fehlenden Wörter ein!

- Fill her up, please!
- Normal or super?
- No, diesel.
- Ah, yes . . . .
  . . . .
- Yes, put a little oil in, please.
- Is everything o. k. now?
  Carburetor? Tyres? Brakes? Headlights?
- Yes, thank you, ... is o. k. now.
- . . . . .wash the car, **too**?
- How long will it take?
- A quarter of an hour at the most.
- Yes, please.

  Where's the ladies', please?
- Over there, ... mini market.

Die Lösung finden Sie im vorhergehenden Text.

Unit forty-seven

Gespräch 47

Shopping

Einkaufen

Gehen Sie jetzt mit uns einkaufen, z. B. ins berühmte Kaufhaus Harrods *oder zu* Liberty's *in der Regent Street. Sie lassen sich schöne Dinge zeigen, aber hören Sie selbst.*

Please listen and repeat!

Bitte hören Sie zu und wiederholen Sie!

Please show me ...	Bitte zeigen Sie mir ...
Have you something better?	Haben Sie etwas Besseres?
something smarter?	etwas Schickeres?
something bigger?	etwas Größeres?
something smaller?	etwas Kleineres?
something stronger?	etwas Stärkeres?

○

What time does the shop open?	Um wie viel Uhr öffnet das Geschäft?
What time does the shop shut?	Um wie viel Uhr schließt das Geschäft?
Is the shop open on Sundays?	Ist das Geschäft am Sonntag geöffnet?
Is the shop open on Saturday afternoons?	Ist das Geschäft am Samstagnachmittag geöffnet?
OPEN FROM 9 a. m. TO 5 p. m.	OFFEN VON 9 UHR VORMITTAGS BIS 5 UHR NACHMITTAGS

○

– Bitte schön? (*Kann ich Ihnen helfen?*)

– Nein, danke, ich schaue mich nur um.

○

Go on speaking!

Is that my size?
How much is this shirt?
How much are these shirts?
That's too expensive for me.
It fits perfectly.
too long – **too** short
too narrow – **too** wide

Sprechen Sie weiter!

Ist das meine Größe?
Wie viel kostet dieses Hemd?
Wie viel kosten diese Hemden?
Das ist mir zu teuer.
Es passt prima.
zu lang – **zu** kurz
zu eng – **zu** weit

Sie sind nun in einem der großen Londoner Warenhäuser (stores) *und erkundigen sich nach den einzelnen Abteilungen* (departments)*:*

Where is	the food department,	please?
	the toy department,	
	the cosmetics department,	
	the carpet department,	
	the sports department,	
	the hosiery department,	
	the footwear department,	

Wo ist bitte	die Lebensmittelabteilung?
	die Spielzeugabteilung?
	die Kosmetikabteilung?
	die Teppichabteilung?
	die Sportabteilung?
	die Strumpfwarenabteilung?
	die Schuhwarenabteilung?

Erläuterungen und Information

Non-cash payment – with banker's card, credit card, Diners Club, American Express ... – in all departments.	**Bargeldloses Zahlen –** mit Bankkarte, Kreditkarte, ... – in allen Abteilungen.

CLOSED ON SATURDAYS, SUNDAYS AND HOLIDAYS	GESCHLOSSEN AN SAMSTAGEN, SONNTAGEN UND FEIERTAGEN

LATE SHOPPING	VERLÄNGERTE ÖFFNUNGSZEITEN
to fit	passen
It fits perfectly.	Es passt prima.
shirt	Hemd

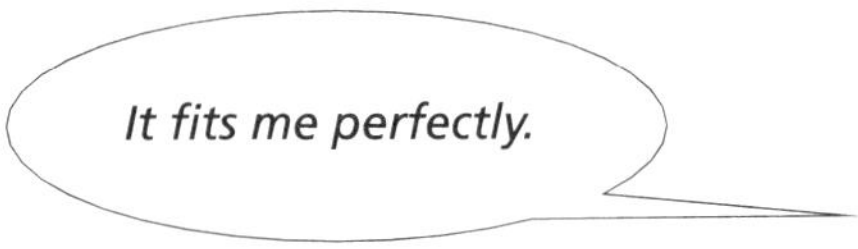

Es passt mir *(perfekt)* prima.

Im Deutschen lauten **Adjektiv** und **Adverb** meist gleich. Im Englischen haben die Adverbien eine eigene Form, die durch Anhängung von -**ly** an das Adjektiv gebildet wird: **perfect** – **perfectly**.
Ein Sonderfall ist **well**, das Adverb zu **good**: *She speaks English well.* Sie spricht gut Englisch.

Thast's all for now!

Thank you and so long!

Unit forty-eight

Is that my size?

Gespräch 48

Ist das meine Größe?

Heute sind wir in einem der größten Kaufhäuser in der Oxford Street, bei Selfridges. *Sie suchen einen Regenmantel, um für das englische Wetter gerüstet zu sein. Sie lernen viele neue Adjektive kennen. Wir beschäftigen uns dabei mit der Steigerung. Zunächst aber zu unserem Gespräch bei* Selfridges.

Please listen carefully!

Good morning, miss. Can I help you?

I'd like a raincoat.

- What kind of raincoat do you want, miss?
- I'd like a dark blue raincoat.
- Dark blue ... size?
- I think I need a medium size.
- On this rack you find all the medium sizes.
  Would you like to try one on? ...
  This coat is too long for you.
  Would you put on this coat, please?
- I like this coat.

Bitte hören Sie aufmerksam zu!

- Guten Morgen, mein Fräulein. Kann ich *(Ihnen helfen)* etwas für Sie tun?
- Ich möchte einen Regenmantel.
- Welche Art (von) Regenmantel möchten Sie, Miss?
- Ich möchte einen dunkelblauen Regenmantel.
- Dunkelblau ... Größe?
- Ich glaube, ich brauche eine mittlere Größe.
- An diesem Ständer finden Sie alle mittleren Größen.
  Möchten Sie einen anprobieren? ...
  Dieser Mantel ist zu lang für Sie.
  Möchten Sie bitte diesen Mantel anprobieren?
- Dieser Mantel gefällt mir.

Once again!

Noch einmal!

Go on speaking!

I'd like	a coat,
	a blue coat,
	a dark blue coat,
	a raincoat,
	a suit,
	a grey suit,
	a dark grey suit.

Sprechen Sie weiter!

Ich möchte	einen Mantel,
	einen blauen Mantel,
	einen dunkelblauen Mantel,
	einen Regenmantel,
	einen Anzug,
	einen grauen Anzug,
	einen dunkelgrauen Anzug.

○

I'd like	a skirt,
	a long skirt,
	a short skirt,
	a dress,
	a dress with a zip,
	an evening dress,
	a long dress,
	a black dress,
	a sports shirt.

Ich möchte	einen Rock,
	einen langen Rock,
	einen kurzen Rock,
	ein Kleid,
	ein Kleid mit einem Reißverschluss,
	ein Abendkleid,
	ein langes Kleid,
	ein schwarzes Kleid,
	ein Sporthemd.

○

Erläuterungen

Please listen carefully!

Bitte hören Sie aufmerksam zu!

Wir zeigen Ihnen hier, wie einfach es im Englischen ist, die Adjektive zu steigern.

This dress is smart.
This blouse is cheap.
This hat is nice.

Dieses Kleid ist schick.
Diese Bluse ist billig.
Dieser Hut ist hübsch.

smart/smarter/smartest
cheap/cheaper/cheapest
nice/nicer/nicest

schick/schicker/am schicksten
billig/billiger/am billigsten
hübsch/hübscher/am hübschesten

▲

Wie Sie sehen, steigert man einsilbige und auch einige zweisilbige Adjektive durch Anhängen von **-er** bzw. **-est** an das Adjektiv.

○

This dress is elegant.	... elegant
This blouse is expensive.	... teuer
This hat is charming.	... reizend

elegant/more elegant/**most** elegant	elegant/eleganter/am elegantesten
expensive/more expensive/**most** expensive	teuer/teurer/am teuersten
charming/more charming/**most** charming	reizend/reizender/am reizendsten

▲

Lange Adjektive mit 3 Silben und mehr (einige auch mit 2 Silben) steigern mit more und most (wörtlich: mehr, meist ...).

Ausnahmen: **good** (gut), **bad** (schlecht) und **little** (wenig) werden unregelmäßig gesteigert.

good	–	better	–	best
bad	–	worse	–	worst
little	–	less	–	least

very nice	sehr hübsch
to try on	anprobieren

large (*oder* big), medium and small sizes	große, mittlere und kleine Größen

Test

Sie lesen: This dress is smart.
Und Sie schreiben: This dress is smarter.

Sie steigern also bei dieser Testaufgabe die Adjektive. Überlegen Sie dabei genau, ob Sie -**er** anhängen oder **more** vor das betreffende Adjektiv stellen müssen. Good luck!

This evening dress is elegant. ....

This hat is cheap. ....

This sports shirt is nice. ....

This coat is short. ....

This blouse is expensive. ....

Die Kontrolle erfolgt durch Vergleich mit den vorhergehenden Beispielen.

That's all for today.

Bye now and take care! **Tschüs und machen Sie es gut!**

Unit forty-nine

Gespräch 49

In a shoe shop

In einem Schuhgeschäft

And now you are looking for a good pair of shoes. *Kommen Sie also mit uns in ein Schuhgeschäft.*

Please listen carefully!

– Good morning, miss.
Can I help you?
– I'm looking for a good pair of shoes.

What size please?

Size five.

– Would you like leather soles or rubber?
– Rubber soles.
– Try on these.
– They're quite nice, but they're too tight.
– Try on these, please. Are they all right?

– Yes, they are very smooth and comfortable. I'll take them.

Bitte hören Sie aufmerksam zu!

– Guten Morgen, mein Fräulein.
Bitte sehr? *(Kann ich Ihnen helfen?)*
– Ich suche ein gutes Paar Schuhe.

– Welche Größe bitte?

– Größe fünf.

– Möchten Sie Ledersohlen oder Schuhe mit Gummisohlen?
– Gummisohlen.
– Probieren Sie diese an.
– Sie sind ganz hübsch, aber sie sind zu eng.
– Probieren Sie bitte diese an. Passen sie gut? *(Sind sie in Ordnung?)*
– Ja, sie sind sehr weich und bequem. Ich nehme sie.

Hier werden wieder die Kurzformen **I'm** und **they're** für **I am** und **they are** verwendet.

Erläuterungen

Please listen and repeat!

to look for
I'm looking for ...
leather soles
nice, quite nice, very nice
too tight
smooth

Bitte hören Sie zu und sprechen Sie nach!

suchen *(schauen nach)*
Ich suche ...
Ledersohlen
hübsch, ganz hübsch, sehr hübsch
zu eng
weich

Unit fifty

Gespräch 50

At the hairdresser's

Beim Friseur

Nennen Sie nun Ihre Wünsche beim Friseur.

Please listen carefully!

- I'd like to have my hair cut
  and then I'd like
  to have it washed.
- Cut, shampoo and set.
  Would you like to have it set in curls?
  Would you like curls on top?
- No, not on top.
  At the side and at the back.
- Right, madam.

Bitte hören Sie aufmerksam zu!

- Ich möchte meine Haare schneiden
  und dann möchte ich sie
  waschen lassen.
- Haarschnitt, Waschen und Legen.
  Wollen Sie sie in Locken legen lassen?
  Wollen Sie Locken oben?
- Nein, nicht oben.
  An der Seite und hinten.
- Gut, Madame.

Go on speaking!

Sie haben beim Friseur noch andere Wünsche:

I need a new perm (permanent wave).
A haircut, please.
Is that right?
I'd like it a bit **shorter**
at the sides.
Just cut my beard!

Sprechen Sie weiter!

Ich brauche eine neue Dauerwelle.
Bitte die Haare schneiden.
Ist es so richtig?
Ich möchte es (sie) ein bisschen **kürzer**
an den Seiten.
Schneiden Sie nur meinen Bart!

I'm sure you look smart with your new haircut. Bye!

Erläuterungen

to like	gern haben, mögen, wollen
I'd like ...	**Ich möchte ...**
to wash	waschen, sich waschen
the hairdresser	der Friseur
the hair	das Haar, die Haare
short, shorter	kurz, kürzer
a bit shorter	**ein bisschen** kürzer
on top	oben
at the sides	an den Seiten
to cut	schneiden

Unit fifty-one

Gespräch 51

Laundry

Wäsche

Falls Sie Probleme mit der Wäsche haben:

Please listen!

– I'd like to have my shirts washed.
– When will you bring my laundry back?

Bitte hören Sie zu!

– Ich möchte meine Hemden waschen lassen.
– Wann bringen Sie meine Wäsche zurück?

I must have my washing next Saturday.

Ich muss meine Wäsche am nächsten Samstag haben.

Go on speaking!

Laundry received by 9 a. m.
will be returned the same day.

Sprechen Sie weiter!

Die bis 9 Uhr (vorm.) erhaltene Wäsche
wird am selben Tag zurückgegeben.

DRY CLEANING

CHEMISCHE REINIGUNG
(*wörtlich: Trockene Reinigung*)

CLOSED ON SATURDAYS,
SUNDAYS AND HOLIDAYS

Geschlossen an Samstagen,
Sonntagen und Feiertagen

Enrich your vocabulary!

Erweitern Sie Ihren Wortschatz!

Hier die Wäscheliste für Herren und Damen:

Once again!

Hören Sie sich den Dialog noch einmal an!

Gentlemen	Herren
Shirts	Hemden
Cotton singlets Vests	Unterhemden
Handkerchiefs	Taschentücher
Socks	Socken
Suits	Anzüge
Coats	Mäntel
Trousers	Hosen
Pullovers	Pullover

Ladies	Damen
Night-gowns	Nachthemden
Panties	Unterhöschen
Shirts	Blusen
Brassières	Büstenhalter
Stockings	Strümpfe
Pyjamas	Pyjama(s)
Dresses	Kleider
Skirts	Röcke

Erläuterungen

to receive	erhalten, empfangen
laundry received ...	Wäsche, die erhalten wird ... (*Wäsche erhalten*) ...
the same day	derselbe Tag, am selben Tag
to return	zurückgeben, zurückkehren
... will be returned	... wird zurückgegeben (werden)
short and long	kurz und lang
to iron – ironed	bügeln – gebügelt

Test

Übersetzen Sie ins Englische.
Anschließend vergleichen Sie Ihre Eintragungen mit vorhergehendem Text.

Socken. . . . .
Taschentücher . . . .
Blusen . . . .
Hemden. . . . .
Mäntel . . . .
Pullover . . . .
Röcke. . . . .
Anzüge . . . .

Bye-bye!
Till tomorrow!

Tschüs!
Bis morgen!

Cassette four: end of side one

Kassette 4: Ende der A-Seite

Unit fifty-two

Gespräch 52

What time is it by the station clock?

Wie spät ist es auf der Bahnhofsuhr?

Wie man die Uhrzeit zur vollen Stunde angibt, wissen Sie bereits. Hier zeigen wir Ihnen, wie man ***die genaue Uhrzeit*** *ausdrückt.*

Please listen and repeat!

Bitte hören Sie zu und sprechen Sie nach!

It's exactly	five	past six.	06.05
	ten		06.10
	a quarter		$06^{1}/_{4}$
	twenty		06.20
	twenty-five		06.25
	half		**$06^{1}/_{2}$**
	twenty	to seven.	06.40
	a quarter		06.45
	ten		06.50
	five		06.55

Es ist genau	fünf	nach sechs.
	zehn	
	Viertel	
	zwanzig	
	fünfundzwanzig	
	halb sieben.	
	zwanzig	vor sieben.
	Viertel	
	zehn	
	fünf	

Erläuterungen

Sie sehen: Bis „halb“ sagt man past (nach), dann to (zu; hier: vor).

Wenn Sie die Zeit in Stunden und Minuten angeben wollen, dann sagt man: **six fifteen**, **six twenty**, **six twenty-five** usw.

Once again!

Noch einmal!

Test

Sagen und schreiben Sie die folgenden Uhrzeiten. Wenn Sie mit den Zahlen Probleme haben, dann wiederholen Sie doch das Gespräch aus Unit 18.

It’s exactly 06.05 ....
06.20 ....
06.30 ....
06.40 ....
06.45 ....

Bye now! See you soon!

Tschüs! Bis bald!

Unit fifty-three

Gespräch 53

At the station

Auf dem Bahnhof

Werfen Sie zuerst einen Blick auf die vielen Schilder!

Please listen and speak!

Bitte hören Sie aufmerksam zu und sprechen Sie nach!

TICKETS	Fahrkarten
TICKET OFFICE	Fahrkartenschalter
ARRIVALS / DEPARTURES	Ankunft/Abfahrt
TOURIST INFORMATION	Auskunft
PLATFORM 6	Bahnsteig 6
TO PLATFORMS 1–15	Zu den Bahnsteigen 1–15
TO THE TRAINS	Zu den Zügen
LOUNGE BAR	Aufenthaltsraum mit Bar
WAITING ROOM	Wartesaal
BANK	Bank
COACHES	Busse
TAXIS	Taxis
SNACK BAR	Schnellimbiss
LEFT LUGGAGE OFFICE	Gepäckaufbewahrung
SHOPS	Läden
COFFEE BAR	Kaffeebar
NEWSPAPERS	Zeitungen
UNDERGROUND	U-Bahn
LADIES	Damen
GENTLEMEN or GENTS	Herren
TIMETABLE	Fahrplan
REFRESHMENTS	Erfrischungen
DEAD SLOW	Schritt fahren
SUBWAY	Unterführung
TOURIST OFFICE	Verkehrsamt
BRITISH RAIL	Britische Eisenbahn

Sie erkundigen sich:

Please listen!

– Excuse me,
where is platform 9, please?
the left luggage office?
the restaurant car?
the sleeping car?
the nearest underground station?
the nearest bus stop?
the station buffet?

Bitte hören Sie zu!

– Entschuldigen Sie,
wo ist Bahnsteig 9, bitte?
die Gepäckaufbewahrung?
der Speisewagen?
der Schlafwagen?
die nächste U-Bahnstation?
die nächste Bushaltestelle?
das Bahnhofs-Büfett?

Look, over there.
here on the left.
here on the right.

Thank you.

– Schauen Sie, da drüben.
hier links.
hier rechts.

– Danke.

Go on speaking!

Here's the carriage.
Here's the restaurant car.
Here's the sleeping car.
Here's the left luggage office.
Here's the London train.
Here's your seat.

Here are your seats.
Here are your tickets.
Here are the automatic luggage lockers.

Once again!

Sprechen Sie weiter!

Hier ist der Wagen.
Hier ist der Speisewagen.
Hier ist der Schlafwagen.
Hier ist die Gepäckaufbewahrung.
Hier ist der Zug nach London.
Hier ist Ihr Platz.

Hier sind eure (Ihre) Plätze.
Hier sind eure Fahrkarten.
Hier sind die automatischen Gepäckschließfächer.

Noch einmal!

Good luck!

Viel Glück!

Erläuterungen

AUTOMATIC LUGGAGE LOCKERS
ON PLATFORM 1

Automatische Schließfächer auf Bahnsteig 1

Test

Fügen Sie die auseinandergebrochenen Schilder wieder zusammen.

ARR . . .	DE . . .
BR . . .	R . . .
C . . .	B . . .
T . . .	O . . .
PL . . .	T . . .
U . . .	
LEFT L . . .	O . . .
T . . .	
W . . .	R . . .

Die Lösung finden Sie im Lösungsteil im Anhang.

Unit fifty-four

Gespräch 54

At the ticket office

Am Fahrkartenschalter

Here we are again with a new conversation. *Sie führen ein Gespräch am Fahrkartenschaler und am Bahnsteig und sprechen über Ihre Pläne:* I will take the Eurostar ... *Ich werde den Eurostar nehmen ... Es geht also jetzt um das Futur/die Zukunft.*

Please listen carefully!

– A second class (ticket) to Oxford, please.
– A return, sir?
– No, single.
– There you are ...

Ein anderer Reisender:

– Two first class returns to Oxford.

Bitte hören Sie aufmerksam zu!

– Bitte eine Fahrkarte nach Oxford, zweite Klasse.
– Eine Rückfahrkarte (, der Herr)?
– Nein, einfach.
– Hier bitte ...

– Zwei Rückfahrkarten erster Klasse nach Oxford.

On the platform

– Which platform does the train to Oxford leave from, please?
– The through train to Oxford?
– Yes.
– Platform six.

Thank you very much.

You're welcome.

Auf dem Bahnsteig

– Auf welchem Bahnsteig fährt bitte der Zug nach Oxford ab?
– Der Direktzug nach Oxford?
– Ja.
– Bahnsteig sechs.

– Vielen Dank.

– Bitte sehr.

Go on speaking!

I	**will**	**take** the Intercity.
He	**will**	**take** a non-stop train.
She	**will**	**take** an express train.
We	**will**	**take** the next train.
They	**will**	**take** the Eurostar from Paris to London.

Sprechen Sie weiter!

Ich **werde** den Intercity **nehmen.**
Er **wird** einen durchgehenden Zug **nehmen.**
Sie **wird** einen D-Zug **nehmen.**
Wir **werden** den nächsten Zug **nehmen.**
Sie **werden** den Eurostar von Paris nach London **nehmen.**

Um das **Futur** zu bilden, kann man **will** nehmen. Bei **I** und **we** ist auch noch **shall** statt **will** möglich.

Once again!

Noch einmal!

○

Die verkürzten Formen für die Zukunft:

Please listen and speak!

Bitte hören Sie zu und sprechen Sie nach!

I'll take the Intercity *(Ich werde ...)* → **I won't** ... *(ich werde nicht ...)*

you'll
he'll
we'll
they'll

you won't
he won't
we won't
they won't
} take the Intercity.

▲

Kurzform für **will not** ist **won't**

○

Erläuterungen

Geht es um Handlungen, die in der nahen Zukunft liegen, wird häufig **going to ...** verwendet. Hören Sie sich einige Beispiele dafür an:

Please listen!

Bitte hören Sie zu!

I'm going to write the letter after breakfast.

Ich werde den Brief nach dem Frühstück schreiben.

He's going to write the letter after breakfast.

Er wird den Brief nach dem Frühstück schreiben.

We're going to write the letter after breakfast.

Wir werden den Brief nach dem Frühstück schreiben.

Ich würde ...

Auch die Formen „würde", „würdest" usw. sind im Englischen leicht zu bilden:

I **would like** ... (I'd like ...)
We **would like** ... (We'd like ...)

Ich *(würde mögen)* möchte ...
Wir *(würden mögen)* möchten ...

- **Would** verwendet man bei allen Personalformen.
- Bei **I** und **we** können Sie auch **should** sagen.
- Die verkürzte Form für **should** und **would** ist **'d: I'd like to ...**

Once again!

Noch einmal!

Sie haben im Verlauf der Gespräche schon häufig diese Ausdrücke gehört:

What would you like?

Was (*würden Sie lieben*) möchten Sie?

I'd like ...

Ich möchte ...

a single (ticket)	eine einfache Fahrkarte
a return (ticket)	eine Rückfahrkarte
two returns	zwei Rückfahrkarten
the train **to** ...	der Zug **nach** ...
I will take ... ich werde ... nehmen	Verben im Englischen zusammenrücken!

Test

1 Tragen Sie die fehlenden Wörter ein!

– A second class to Oxford, please.

– A . . . ., sir?

– No, single.

– There . . . .

– Which platform . . . . the train to Oxford . . . .?

– Thank you very much. . . . .

Hören Sie sich das Gespräch nochmals an und überprüfen Sie dabei, ob Sie die Testaufgabe richtig gemacht haben.

2 Schreiben Sie nun bei den folgenden Sätzen die verkürzten Formen des Futurs! Vergleichen Sie anschließend mit dem vorhergehenden Text.

I will take an express train . . . .

We will not take the next train . . . .

I will take the Eurostar . . . .

He will take a non-stop train . . . .

Many thanks and good bye!

Vielen Dank und auf Wiedersehen!

Unit fifty-five

Tickets, please!

Sie stellen wieder viele Fragen.

Please listen carefully!

- When is the next train to Oxford, please?
- There's a good train at half past nine and there's a good train at ten o'clock. They go from platform ten.
- Thank you.

In the train

- **Tickets, please.** All tickets, please ... Thank you. Thank you, miss ...

Can you tell me, when I shall arrive in Oxford?

At eleven ten, miss.

Attention, please!

All aboard and close all doors!
The train is about to leave.
We wish you a pleasant journey.

Once again!

Bye now and have a nice day!

Gespräch 55

Fahrkarten, bitte!

Bitte hören Sie aufmerksam zu!

- Wann (*ist*) fährt bitte der nächste Zug nach Oxford?
- Es gibt einen guten Zug um halb zehn und es gibt einen guten Zug um zehn Uhr. Sie (*gehen*) fahren von Bahnsteig zehn.
- Danke.

Im Zug

- Fahrkarten bitte. Alle Fahrkarten bitte ... Danke. Danke, mein Fräulein ...

- Können Sie mir sagen, wann ich in Oxford ankommen werde?

- Um elf Uhr zehn, mein Fräulein.

Achtung, bitte!

Einsteigen und Türen schließen!
Der Zug fährt in Kürze ab.
Wir wünschen Ihnen eine angenehme Reise.

Noch einmal!

Tschüs, und einen schönen Tag!

Unit fifty-six

Theatres, cinemas ...

Gespräch 56

Theater, Kinos ...

And now, dear listeners, let's speak about theatres and cinemas. *Sie üben dabei mit dem wichtigen Ausdruck:* **I'd like to ...** *Ich möchte gerne ...*

Unser Tipp: Wenn Sie die vielen Unterhaltungsmöglichkeiten, die Ihnen London bietet, nutzen wollen, dann studieren Sie die Veranstaltungskalender WHAT'S ON?, WHERE TO GO? oder TIME OUT. Sie bekommen sie an jedem Zeitungsstand.

Please listen and speak!

– What shall we do this evening?

Can we meet somewhere?
– Yes, I'm free this evening.
What time?
– Let's say ... eight o'clock?
– Yes, all right. Where?
– In Trafalgar Square, at the cinema entrance?
– Yes, that suits me fine.
See you later then ...!

Bitte hören Sie zu und sprechen Sie nach!

– Was sollen wir heute Abend unternehmen?
Können wir uns irgendwo treffen?
– Ja, ich (bin frei) habe heute Abend nichts vor.
Um wie viel Uhr?
– Sagen wir mal ... acht Uhr?
– Ja, einverstanden. Wo?
– Am Trafalgar Square, am Kino-Eingang?
– Ja, das passt mir gut.
Bis später dann *(Sehe dich später)* ...!

Go on speaking!

We'd like to go to the theatre,
to the cinema, to the concert,
to the circus, to the exhibition,
to Madame Tussaud's.

We'd like to see a comedy,
a tragedy, an English play,
an American play,
a musical,
a western, a thriller.

Sprechen Sie weiter!

Wir möchten ins Theater,
ins Kino, ins Konzert,
in den Zirkus, in die Ausstellung,
zu Madame Tussaud gehen.

Wir möchten gern eine Komödie,
eine Tragödie, ein englisches Stück,
ein amerikanisches Stück,
ein Musical,
einen Wildwestfilm, einen Krimi
sehen.

– Let's go to the STRAND!
I'd like to see the comedy

"NO SEX, PLEASE – WE'RE BRITISH!"
– Good, let's go to the STRAND!
I'll phone for the tickets.

– Gehen wir doch ins STRAND!
Ich möchte gerne die Komödie **sehen**
„KEIN SEX, BITTE – WIR SIND BRITEN!"
– Gut, gehen wir also ins STRAND!
Ich werde um (wegen der) Karten anrufen.

Erläuterungen

Please listen and speak!

What **shall** we do?
to meet
Can we meet ... ?

Bitte hören Sie zu und sprechen Sie nach!

Was sollen wir tun?
sich treffen
Können wir uns treffen ... ?

Satzstellung:

I'd like to go to the cinema.	Ich möchte gerne ins Kino gehen.
We'd like to go to the theatre.	Wir möchten gerne ins Theater gehen.
I'd like to see a comedy.	Ich möchte gerne eine Komödie sehen.
We'd like to see a thriller.	Wir möchten gerne einen Krimi sehen.

▲
Im Englischen **geschlossene Satzstellung:** Satzaussage wird nicht geteilt.

Once again!

CLOAK ROOM	Garderobe
LAVATORIES	Toiletten (Waschräume)

I'll phone ...

Ich werde telefonieren ...

Noch einmal!

Enjoy yourself and have a good time!

Haben Sie Spaß und alles Gute!

Unit fifty-seven

At the box office

Gespräch 57

An der Theaterkasse

Sie möchten im West End *in eines der vielen Theater gehen. Sie haben Glück und bekommen noch Plätze in der fünften Reihe. Sie merken schon, es geht jetzt um die Ordnungszahlen.*

Please listen and repeat!

– Have you any seats left for tomorrow evening?
– What kind of seats would you like?

Stalls, dress circle, upper circle or gallery?

How many seats do you want?
– Two, please.
– I've got two seats in the upper circle. Two seats in the fifth row ...
– I'll have the two seats in the fifth row.
– O. k. ..., fifth row. **You can have** two in the middle.
– How much are they?
– They're twenty pounds each. **That's** forty pounds altogether.
– Thank you. What time does the performance start?
– At seven thirty.

Bitte hören Sie zu und wiederholen Sie!

– Haben Sie noch Plätze frei für morgen Abend?
– Welche *(Art von)* Plätze möchten Sie?

Parkett, erster Rang, zweiter Rang oder Galerie?

– Wie viele Plätze möchten Sie?
– Zwei, bitte.
– Ich habe zwei Plätze im zweiten Rang. Zwei Plätze in der fünften Reihe ...
– Ich möchte die zwei Plätze in der fünften Reihe.
– In Ordnung ..., fünfte Reihe. **Sie können** zwei in der Mitte **haben.**
– Wie viel kosten sie?
– Sie kosten je zwanzig Pfund.

Das macht zusammen vierzig Pfund.
– Danke. Um wie viel Uhr beginnt die Vorstellung?
– Um halb acht.

Go on speaking!

The **first**, **second**, **third**, fourth, **fifth**, sixth, seventh, **eighth**, **ninth**, tenth, eleventh, **twelfth**, thirteenth, fourteenth row.

Sprechen Sie weiter!

Die 1., 2., 3., 4., 5., 6., 7., 8., 9., 10., 11., 12., 13., 14. Reihe.

Um die Ordnungszahlen zu bilden, hängt man also an die Grundzahl **th** an. Auf die fett gedruckten Zahlen müssen Sie besonders achten!

> Info
> The **stalls** heißt also das Parkett oder die Parkettreihen.
> The **upper circle** ist der zweite Rang (*obere Ring*).
> Darüber befindet sich in den meisten Theatern die **gallery**.

Once again!

Noch einmal!

Erläuterungen

I'll have two ...	Ich (will) möchte zwei ... haben.
You can have ...	Sie können ... haben.
they're = they are	sie sind (kosten)
that's = that is	das ist (macht)

Test

Schreiben Sie hinter die Ordnungszahlen die englischen Ausdrücke. Zur Korrektur sollten Sie mit dem vorhergehenden Text vergleichen.

3. ....
8. ....
7. ....
2. ....
1. ....
4. ....
6. ....
5. ....
9. ....

Good luck and so long!

Viel Glück und bis bald!

Unit fifty-eight

At the cinema

Gespräch 58

Im Kino

Heute besuchen Sie eine Kinovorstellung im Vergnügungsviertel Soho. *Sie haben wieder Glück und bekommen Plätze* in the tenth row. *Dabei üben wir mit dem Satzmuster:* **When does ...?** *Wann ...? Zunächst aber zu unserem Gespräch an der Kinokasse.*

Please listen carefully!

– Two seats for the 8.30 performance.
Stalls, about the tenth row, please.
– Two seats for 8.30 p. m., tenth row ...
There you are.
– **When does the main film begin,** please?
– About nine o'clock.
There's a documentary film first.

– We're lucky to have got seats right in the centre.
– Cigarette?
– No, thanks ...

Bitte hören Sie aufmerksam zu!

– Zwei Plätze für die 8 Uhr 30 Vorstellung.
Parkett, ungefähr zehnte Reihe, bitte.
– Zwei Plätze für die 8 Uhr 30 Vorstellung, zehnte Reihe ...
Hier, bitte.
– Wann beginnt bitte der Hauptfilm?
– Ungefähr um neun Uhr.
Vorher läuft ein Dokumentarfilm.

– Wir haben Glück, Plätze bekommen zu haben, genau in der Mitte.
– Zigarette?
– Nein, danke ...

Go on speaking!

When does	the film	begin, **please?**
	the main film	
	the documentary film	
	the show	
	the television play	
	the musical	
	the performance	

Sprechen Sie weiter!

Wann beginnt **bitte**	der Film?
	der Hauptfilm?
	der Dokumentarfilm?
	die Show?
	das Fernsehspiel?
	das Musical?
	die Vorstellung?

And now relax and enjoy the conversation!

Erläuterungen

performance	Aufführung, Vorstellung
main film	Hauptfilm
We're lucky ...	Wir haben Glück ...
to have got ...	bekommen zu haben ...
right in the centre	direkt in der Mitte

Good luck and so long!

Viel Glück und bis dann!

Unit fifty-nine

At the airport

Gespräch 59

Am Flughafen

Ihr Aufenthalt in London ist beendet und Sie checken am Flughafen nach Edinburg ein. Vor dem Flug suchen Sie noch die Lavatories *auf, für uns ein Anlass, um uns nochmal mit der Mehrzahl zu befassen.*

Please listen carefully!

– How much is a single flight,
economy class
to Edinburgh?
– Sixty pounds.
– And a return flight?
– Ninety pounds ...

– You'll have to pay for excess
luggage 6 pounds.
Here is your boarding card
with your seat number.

Bitte hören Sie aufmerksam zu!

– Wieviel kostet ein Flug,
Economy Klasse
nach Edinburg?
– Sechzig Pfund.
– Und ein Hin- und Rückflug?
– Neunzig Pfund ...

– Sie müssen 6 Pfund für
Übergepäck bezahlen.
Hier ist Ihre Bordkarte mit der
Platznummer.

Once again!

Noch einmal!

Go on speaking!

Sie sehen sich noch etwas auf dem Flughafen um.

Where can I buy duty-free goods?

Where can I buy newspapers?
Where can I get souvenirs?
Where can I change money?

Sprechen Sie weiter!

Wo kann ich zollfreie Waren kaufen?
Wo kann ich Zeitungen kaufen?
Wo kann ich Andenken bekommen?
Wo kann ich Geld wechseln?

Where are the lavatories?	Wo sind die Waschräume (Toiletten)?

Und jetzt geht es wieder um die Pluralbildung.
Substantive auf -y bilden den Plural mit der Endung **-ies**, wenn ein Konsonant vorausgeht: *lavatory – lavatories.*

Daneben gibt es noch einige Substantive (Hauptwörter) mit unregelmäßiger Pluralbildung, wie Ihnen das Schild *GENTLEMEN'S* zeigt.

Hören Sie zu und sprechen Sie nach:

the man *(Mann)*	the **men**
the gentleman *(Herr)*	the **gentlemen**
the woman *(Frau)*	the **women**
the child *(Kind)*	the **children**
the foot *(Fuß)*	the **feet**
the tooth *(Zahn)*	the **teeth**
	▲ Einprägen!

!

DUTY-FREE SHOP	Laden mit zollfreien Waren
EMERGENCY EXIT	Notausgang
CUSTOMS	Zoll
LADIES'	Damentoiletten
GENTLEMEN'S	Herrentoiletten

Erläuterungen

Please listen and speak!	Bitte hören Sie zu und sprechen Sie nach!
the airport	der Flughafen

How much is a flight to ...?	Wie viel kostet ein Flug nach ...?

a single flight	ein (einfacher Flug) Hinflug
a return (flight)	ein Hin- und Rückflug
You will (You'll) have to pay ...	Sie (werden haben zu) müssen bezahlen ...
excess luggage	Übergepäck
lavatory, lavatories	(Waschraum) Toilette, Toiletten
duty-free	zollfrei
duty-free goods	zollfreie (Güter) Waren
duty-free shop	Laden mit zollfreien Waren

Where can I buy ...?	Wo kann ich kaufen ...?
Where can I get ...?	Wo kann ich bekommen ...?
Where can I change ...?	Wo kann ich wechseln ...?

He is a pilot. She is a stewardess.	Er ist (ein) Pilot. Sie ist (eine) Stewardess.

Bei Berufsangaben setzt man im Englischen **a** bzw. **an** vor die betreffende Berufsbezeichnung.

So much for this unit. Take it easy!

Unit sixty

Gespräch 60

Departure

Abflug

Bevor Sie ins Flugzeug steigen, hören Sie noch verschiedenen Ansagen zu. Wir wiederholen dabei die Zahlen. Anschließend verabschieden wir uns von Ihnen.

Please listen and repeat!

Bitte hören Sie zu und sprechen Sie nach!

DEPARTURES			ARRIVALS		
7.25	a. m.	LOS ANGELES	8.35	a. m.	NEW YORK
7.30	a. m.	MANCHESTER	9.55	a. m.	SAN FRANCISCO
8.10	a. m.	CHICAGO	10.20	a. m.	MANCHESTER
9.40	a. m.	DUBLIN	10.45	a. m.	BELFAST
11.55	a. m.	NEW YORK	12.45	p. m.	WASHINGTON
12.10	p. m.	EDINBURGH	1.10	p. m.	PARIS
2.25	p. m.	BIRMINGHAM	3.15	p. m.	DUBLIN

O

Und schon folgt der Aufruf zum Abflug:

Mr C. H. Miller, PLEASE COME TO THE INFORMATION DESK!

Herr C. H. Miller, bitte kommen Sie zum Informationsschalter!

– May I see your boarding card, please?
Number 3 D – third row in front on the right.

– Kann ich bitte Ihre Bordkarte sehen?
Nummer 3 D – dritte Reihe vorne rechts.

ATTENTION PLEASE!
PASSENGERS FOR EDINBURGH,
FLIGHT NUMBER NINE,
ARE REQUESTED TO PROCEED
TO EXIT SIX!

Achtung bitte!
Reisende nach Edinburg,
Flug Nummer neun,
werden gebeten, sich zum
Ausgang sechs zu begeben!

And that brings us to the end
of our English course.
We hope you enjoyed it
and had a nice time.
So from all of us **goodbye** ...

Wir kommen nun zum Ende
unseres Englischkurses.
Wir hoffen, Sie haben sich gut unterhalten
und hatten viel Spaß.
Wir sagen alle **auf Wiedersehen** ...

Goodbye!

Okay!

Bye-Bye!

Have a nice time!

Cheerio!

See you then!

Goodbye and good luck!

See you around!

Cheers!

Auf einen Blick – Übersichten zur Grammatik

1. ARTIKEL (GESCHLECHTSWORT)

Der bestimmte Artikel: the

the book	das Buch
the apple	der Apfel
the books	die Bücher
the apples	die Äpfel

△

the	für „der, die, das" in Einzahl und Mehrzahl

Der bestimmte Artikel *the* ist viel **„bestimmender"** als der bestimmte Artikel im Deutschen. Er wird nur gebraucht, wenn es sich um einen **bestimmten Einzelfall** handelt.

Der bestimmte Artikel fällt weg:

- **bei Mahlzeiten:**

before breakfast	vor dem Frühstück
after breakfast	nach dem Frühstück
before supper	vor dem Abendessen

- **bei einigen wichtigen Ausdrücken:**

by air	auf dem Luftweg
by boat	mit dem Schiff
by sea	auf dem Seeweg
by train	mit dem Zug
at sea	auf See
at table	bei Tisch
at work	bei der Arbeit
at first sight	auf den ersten Blick
in fact	in der Tat, tatsächlich
in future	in der Zukunft
on condition	unter der Bedingung

- vor **most** sowie **last** und **next** in Verbindung mit Zeitangaben:

most people	die meisten Leute
last Monday	am letzten Montag
next week	in der nächsten Woche
next month	im nächsten Monat
next year	im nächsten Jahr

Der unbestimmte Artikel: a, an

a	hat
a	coat
a	pipe
a	cold morning

△

Der unbestimmte Artikel (ein, eine) heißt im Allgemeinen **a**.

an	umbrella
an	apple
an	old song

△

Vor Wörtern, die mit einem gesprochenen Vokal beginnen, steht jedoch **an**.

Bestimmter und unbestimmter Artikel sind **unveränderlich**.

the table	**der** Tisch
on **the** table	auf **dem** Tisch
Put it on **the** table!	Leg es auf **den** Tisch!
a bus	**ein** Bus
in **a** bus	in **einem** Bus
I see **a** bus.	Ich sehe **einen** Bus.

2. SUBSTANTIV (HAUPTWORT)

Fast alle englischen Substantive werden **klein** geschrieben.
Groß geschrieben werden:

Namen:	Peter, Susan, Mr Brown, Henry Miller;
Namen der Wochentage:	Monday, Tuesday, Wednesday, Thursday, Friday, Saturday, Sunday;
Namen der Monate:	January, February, March, April, May, June, July, August, September, October, November, December;
Geografische Bezeichnungen:	Great Britain, Germany, Thames (*Themse*), Mount Everest.

Plural

Der Plural wird im Allgemeinen durch Anhängen eines -s gebildet:

Switch on the light.	Switch on the light**s**.
Open the window.	Open the window**s**.

He has one book.	She has two book**s**.
one hat.	three hat**s**.
one cap.	four cap**s**.
one shirt.	five shirt**s**.

Vorsicht bei diesen Wörtern:

• the family *(Familie)*	the	families
the lady *(Dame)*	the	ladies
the baby *(Baby)*	the	babies
the story *(Geschichte)*	the	stories
		↓
Konsonant + y ... -ies		

• the boy *(Junge)*	the	boys
the play *(Spiel)*	the	plays
the way *(Weg)*	the	ways
the day *(Tag)*	the	days
		↓
Vokal + y ...-ys		

• the address *(Adresse)*	the	addresses
the watch *(Uhr)*	the	watches
the bus *(Bus)*	the	buses
the wish *(Wunsch)*	the	wishes
↑		↓
Bei Zischlaut (**-s, -ss, -ch, -sh**)		-es

• the wife *(Ehefrau)*	the	wives
the life *(Leben)*	the	lives
the shelf *(Regal)*	the	shelves
the half *(Hälfte)*	the	halves
↑		↓
-f, -fe		-ves

• the man *(Mann)*	the **men**
the gentleman *(Herr)*	the **gentlemen**
the woman *(Frau)*	the **women**
the child *(Kind)*	the **children**
the foot *(Fuß)*	the **feet**
the tooth *(Zahn)*	the **teeth**

Auf die Aussprache achten!
Das Schluss-s wird **weich** nach weichen Konsonanten (z. B. **b, d, g**) und nach Vokalen, aber **hart** nach harten Konsonanten (z. B. **p, t, k**) ausgesprochen.

Deklination (Beugung)

1. Fall (Nominativ):	**the car**	(der Wagen)	**the trains**	(die Züge)
2. Fall (Genitiv):	**of the car**	(des Wagens)	**of the trains**	(der Züge)
3. Fall (Dativ):	**(to) the car**	(dem Wagen)	**(to) the trains**	(den Zügen)
4. Fall (Akkusativ):	**the car**	(den Wagen)	**the trains**	(die Züge)

Besitzanzeigender Genitiv

Er wird vor allem bei Personen verwendet, um Besitz auszudrücken:

This is Mr Brown's house.	Dies ist Herrn Browns Haus.
My **parents'** house.	Meiner Eltern Haus. Das Haus meiner Eltern.
gentlemen's	Herrentoilette

△

Handelt es sich beim „Besitzer“ um eine Person, dann hängt man 's an, handelt es sich um **mehrere**, dann setzt man nur einen Apostroph (') dahinter, wenn das Substantiv auf -s endet.

Der Akkusativ folgt immer nach Präpositionen (Verhältniswörter):

the table	– on **the** table	der Tisch	– auf **dem** Tisch
the kitchen	– in **the** kitchen	die Küche	– in **der** Küche
the refrigerator	– in **the** refrigerator	der Kühlschrank	– in dem (im) Kühlschrank
the morning	– in **the** morning	der Morgen	– am Morgen
the glass	– in **a** glass	das Glas	– in einem Glas
the cup	– in **a** cup	die Tasse	– in einer Tasse

3. ADJEKTIV (EIGENSCHAFTSWORT)

Adjektive werden im Allgemeinen **klein** geschrieben:

good	–	bad	gut	–	schlecht
high	–	low	hoch	–	niedrig
wide	–	narrow	weit	–	eng
long	–	short	lang	–	kurz
rich	–	poor	reich	–	arm
sweet	–	sour	süß	–	sauer
strong	–	weak	stark	–	schwach
hot	–	cold	heiß	–	kalt
cheap	–	expensive	billig	–	teuer
interesting	–	boring	interessant	–	langweilig

beautiful	schön
important	wichtig
tired	müde

Immer **groß** geschrieben werden Nationalitätsbezeichnungen:

English	englisch
German	deutsch
French	französisch
Swiss	schweizerisch
Italian	italienisch
Austrian	österreichisch

Adjektive sind immer **unveränderlich:**

a	fine	day	ein	schöner	Tag
	fine	days		schöne	Tage
	fine	weather		schönes	Wetter
the days are	fine	and sunny	die Tage sind	schön	und sonnig

Steigerung

Kurze Eigenschaftswörter *(mit einer Silbe, einige mit 2 Silben)*

	↓ -er	↓ -est
sweet *(süß)*	– **sweeter** *(süßer)*	– **sweetest** *(am süßesten)*
long	– longer	– longest
short	– shorter	– shortest
strong	– stronger	– strongest
weak	– weaker	– weakest
poor	– poorer	– poorest
rich	– richer	– richest

Auf die Schreibweise achten!

• large	– **larger**	– **largest**	Eigenschaftswörter auf -e nehmen nur **-r** bzw. **-st** an
wide	– **wider**	– **widest**	
• happy	– happier	– happiest	y wird zu **i**, wenn der vorhergehende Buchstabe ein **Konsonant** ist
• big *(groß, dick)*	– bigger	– biggest	
fat *(fett)*	– fatter	– fattest	
hot *(heiß)*	– hotter	– hottest	

Lange Eigenschaftswörter *(mit drei Silben, einige mit 2 Silben)*

	more ▽	most ▽
interesting	– **more** interesting	– **most** interesting
beautiful	– more beautiful	– most beautiful
important	– more important	– most important
expensive	– more expensive	– most expensive
tired	– more tired	– most tired

Unregelmäßige Steigerung:

good – better – best	gut – besser – am besten
bad – worse – worst	schlecht – schlechter – am schlechtesten
little – less – least	wenig (gering) – weniger – am wenigsten

Beachten Sie besonders, dass man **als** nach einer Steigerung mit **than** wiedergibt:

Peter is **taller than** Ann. — Peter ist **größer als** Ann.
He has a better car **than** I have. — Er hat einen besseren Wagen **als** ich.

4. ADVERB (UMSTANDSWORT)

• Das Adverb wird meist durch Anhängen der Silbe **-ly** an das Adjektiv gebildet:

Adjektiv:	**slow**	This is a slow train	Das ist ein langsamer Zug.
Adverb:	**slowly**	My father drives slow**ly**.	Mein Vater fährt langsam.

This is the	correct	address.	Das ist die richtige Adresse.	
He is a	slow	worker.	Er ist ein langsamer Arbeiter. ◁	Das Adjektiv beschreibt das Substantiv.
This is a	good	answer.	Das ist eine gute Antwort.	
	↑	↑		
	Adjektiv	**Substantiv**		

He	speaks	English	correct**ly**.	Er spricht Englisch richtig.	
He	speaks	English	slow**ly**.	Er spricht langsam Englisch. ◁	Das Adverb bezieht sich auf das Verb.
He	speaks	English	**very well.**	Er spricht sehr gut Englisch.	
	↑		↑		
	Verb		**Adverb**		

• Auf die Schreibweise achten!

Beachten Sie noch:

happy *(glücklich)*	happi**ly**	possible *(möglich)*	possib**ly**
pretty *(hübsch)*	pretti**ly**	agreeable *(angenehm)*	aggreeab**ly**
easy *(leicht zu tun)*	easi**ly**		↑
Konsonant + y . . . **-ily**	↑		**-le . . . -ly**

• Meist **vor** dem Verb stehen die folgenden Adverbien:

I	**always**	get up at five o'clock.	Ich stehe	**immer**	um fünf Uhr auf.
We	often		Wir stehen	oft	
They	sometimes		Sie stehen	manchmal	
Peter and Sandra	seldom		Peter und Sandra stehen	selten	
He and she	never		Er und sie stehen	nie	
	△ vor dem Verb				

• Adverbien der Zeit wie **today** (heute), **yesterday** (gestern), **tomorrow** (morgen), **last night** (letzte Nacht, vergangenen Abend) stehen gewöhnlich am **Satzende**:

I saw him only **yesterday.**	Ich sah ihn erst **gestern.**
last night.	**letzte Nacht.**
today.	**heute.**

• Einige Adverbien haben die gleiche Form wie die Adjektive:

to run **fast**: He runs fast.	schnell laufen
to drive **fast**: She drives fast.	schnell fahren
to work **hard**: He works hard.	(hart) fleißig arbeiten

Auf diesen Ausdruck *to work hard* müssen Sie ganz besonders achten, denn **hardly** heißt **kaum**: I hardly think so = Ich glaube kaum

5. PRÄPOSITION (VERHÄLTNISWORT)

before = vor *(räumlich und zeitlich)*

before the house	vor dem Haus
before dinner	vor dem Mittagessen
before six o'clock	vor sechs Uhr

behind = hinter

behind the house	hinter dem Haus

beside = neben

beside the house	neben dem Haus

between = zwischen

between Easter and Christmas	zwischen Ostern und Weihnachten

at = an, am, bei, in, auf

at the door	an der Tür
at five o'clock	um fünf Uhr
at that time	in jener Zeit

in = in *(auf die Frage „wo ...?")*

in the garden	im Garten

into = in *(auf die Frage „wohin ...?")*

I go into the garden.	Ich gehe in den Garten.

on = an, auf

The keys are on the table.	Die Schlüssel sind auf dem Tisch.

under = unter

under the bed	unter dem Bett

Nach Präpositionen steht immer der Akkusativ.

6. HINWEISENDE UND BESITZANZEIGENDE BEGLEITWÖRTER (Demonstrativ- und Possessivbegleiter)

Das hinweisende Begleitwort: dieser, diese, dieses – jener, jene, jenes

this apple	–	**these** apples	dieser Apfel	–	diese Äpfel
that apple	–	**those** apples	jener Apfel	–	jene Äpfel

These are apples,
those are pears.

Dies sind Äpfel,
das sind Birnen.

Besitzanzeigendes Begleitwort: mein, dein, sein ...

It is	my	new car.	Es ist	mein(e)	neuer Wagen.
	your	garage.		dein(e), euer(e), Ihr(e)	Garage.
	his			sein(e)	
	her			ihr(e)	
	our			unser(e)	
	their			ihr(e)	
	↑				

unverändert in Ein- und Mehrzahl

Achten Sie besonders auf das Wörtchen **ihr:**

her car	ihr Wagen, der Wagen von Susan
their car	ihr Wagen, der Wagen von Susan und Peter
your car	Ihr Wagen (Höflichkeitsform)

7. PRONOMEN (FÜRWORT)

Subjekt/Objekt: I/me you/you he/him she/her we/us they/them

He loves	**me.**	Er liebt	mich.
I love	**you.**	Ich liebe	dich, Sie, euch.
	Peter.		Peter.
	him.		ihn.
	Betty.		Betty.
	her.		sie.
He loves	**us.**	Er liebt	uns.
I love	Betty and Peter.	Ich liebe	Betty und Peter.
	them.		sie.

Nochmals: Ich liebe sie = I love her *(z. B. Betty)*
I love them *(mehrere)*

That was nice of	me.	Das war nett von	mir.
	you.		dir, Ihnen, euch.
	him.		ihm.
	her.		ihr.
	us.		uns.
	them.		ihnen.

Also:	**me**	=	mir, mich
	you		dir/dich, euch, Ihnen/Sie
	him		ihm, ihn
	her		ihr, sie

Auf einen Blick!

Nominativ *(1. Fall)*		Dativ *(3. Fall)*			Akkusativ *(4. Fall)*	
I	ich	(to)	**me**	mir	**me**	mich
you	du, Sie		**you**	dir, Ihnen	**you**	dich, Sie
he	er		**him**	ihm	**him**	ihn
she	sie		**her**	ihr	**her**	sie
it	es		**it**	ihm	**it**	es
we	wir		**us**	uns	**us**	uns
you	ihr		**you**	euch	**you**	euch
they	sie		**them**	ihnen	**them**	sie

a friend	of mine	einer meiner Freunde, ein Freund von mir
	of yours	einer deiner Freunde, ein Freund von dir
		einer Ihrer Freunde, ein Freund von Ihnen usw.
	of his	einer seiner Freunde
	of hers	einer ihrer Freunde
	of ours	einer unserer Freunde
	of theirs	einer ihrer Freunde

8. HILFSVERBEN: SEIN UND HABEN

In den Klammern finden Sie die dazugehörenden Kurzformen.

	Gegenwart		Vergangenheit					
	Ich bin	*ich bin nicht*	*war*	*war nicht*	*ich bin gewesen*	*ich bin nicht gewesen*	*war gewesen*	*war nicht gewesen*
to be: (sein):	I am (I'm) you are (you're)	I'm not aren't	was were	wasn't weren't	I, you have (I've) (you've)	haven't		
	he, she, it is	(he's) (she's) (it's) isn't	was	wasn't	he, she, it has (he's) (she's) (it's)	been hasn't	been	had been (...'d been) hadn't been
	we, you, they are	(we're) (you're) (they're) aren't	were	weren't	we, you, they have (we've) (you've) (they've)	haven't		

	ich habe	*habe nicht*	*hatte*	*hatte nicht*	*ich habe gehabt*	*habe nicht gehabt*	*hatte gehabt*	*hatte nicht gehabt*
to have: (haben):	I, you have	(I've) (you've) haven't (oder 've not)	(I'd) (You'd)		I, you have	haven't		
	he, she, it has	(he's) (she's) (it's) hasn't (oder 's not) had	(he'd) (she'd) (it'd)	hadn't	he, she, it has	had hasn't had	had had ('d had)	hadn't had
	we, you, they have	(we've) (you've) (they've) haven't (oder 've not)	(we'd) (you'd) (they'd)		we, you, they have	haven't		

9. REGELMÄSSIGE VERBEN (ZEITWÖRTER)

Die einfache Gegenwart

Man gebraucht diese Form, wenn man gewohnheitsmäßige Handlungen ausdrücken will:

I	work	in London.
You	work	in the city.
He / She	works	in a bank.
We	work	in an office.
They	work	in a shop.

Frage:

Do you	like	tea?
Does he		coffee?
Does Peter		whisky?
Does she		beer?
Does Susan		

Verneinung:

I / We	**don't** like	tea.
He / She / Peter / Susan	**doesn't** like	coffee.
		whisky.
		beer.

Umschreibung mit to do:

- Um **Fragen** in der einfachen Gegenwart zu stellen, nimmt man **to do** (tun) zu Hilfe. Man sagt also z. B.: *Tust du mögen ...?* **Do you like ...?**

  Auch bei der **Verneinung** der selbstständigen Verben verwendet man **to do** (tun). Man sagt also z. B.: *Ich tue nicht mögen ...* **I do not** like ...

  Statt **do not** sagt man meist **don't** und statt **does not** meist **doesn't**.

Beachten Sie besonders:

- I watch television. I kiss Ann. I wash the car.
  He watches television. He kisses Ann. He washes the car.
  Verben, die auf einen Zischlaut (also z. B. auf -s, -ss, -sh oder -ch) enden, hängen bei der 3. Person Einzahl **-es**, und nicht nur -s an! Das e der Silbe **-es** wird dabei wie i gesprochen.
- I go – he **goes** (*hier wird das e nicht gesprochen!*)
- I play football – he plays football ich spiele Fußball – er spielt Fußball
  I carry – he carries ich trage – er trägt
  Steht vor dem y ein Konsonant, dann verwandelt es sich vor Anhängung des s in **ie:** he carries.

Die Verlaufsform

Diese Form wird bei Handlungen, die gerade ablaufen, gebraucht:

I	am	eating.
You	are	drinking.
He / She / It	is	singing.
We	are	going.
You	are	
They	are	

Frage:

Am	I	eating?
Are	you	drinking?
Is	he / she / it	singing?
Are	we / you / they	going?

Verneinung:

I	am	not	eating.
You	are		drinking.
He / She / It	is		singing.
We	are		going.
You	are		
They	are		

Schreibregeln, die man bei der Bildung der ing-Form des Verbs besonders beachten muss:

- to come: **coming**, to telephone: **telephoning** – Steht am Ende des Zeitworts ein stummes e, so fällt dieses weg, wenn -ing angehängt wird.
- to win: **winning**, to swim: **swimming**, to stop: **stopping** – Zeitwörter, die auf einen Mitlaut enden, vor dem ein kurzer, betonter Selbstlaut steht, verdoppeln den Endmitlaut vor Anhängen der Silbe -ing.

Befehlsform

Turn on the radio!	Do not (don't) turn on the radio!	Stell das Radio an!	Stell das Radio nicht an!
Open the door!	Do not (don't) open the door!	Öffne die Tür!	Öffne die Tür nicht!

Vergangenheit

Gegenwart:	1. Vergangenheit:	2. Vergangenheit:
I ask a taxi-driver.	**I asked** (*fragte*) a taxi-driver.	**I have** asked *(ich habe gefragt).*
	△ -ed wird angehängt	△ wird fast immer mit **to have** (*haben*) gebildet

I / You / He, she / We / They	**asked**	a taxi-driver. / Susan. / him.

- Schreibregeln, die Sie bei der Bildung der Vergangenheit besonders beachten müssen:
- to arrive – **arrived** (e am Ende des Infinitivs (Nennform) fällt weg)
- to carry – **carried** (y am Ende des Infinitivs (Nennform) – sofern ein Mitlaut vor hergeht – wird zu i: I carried, *aber* I played)
- to stop – **stopped** (Einzelner Mitlaut am Ende einer betonten Silbe wird **ver doppelt!**)

Umschreibung bei Frage und Verneinung mit **to do (did)**:

Did you sleep well?	Schliefen Sie gut? Haben Sie gut geschlafen?
No, I didn't sleep well.	Nein, ich schlief nicht gut. Nein, ich habe nicht gut geschlafen.

Zukunft

Man bildet die nahe Zukunft mit **going to**:

I'm going to	watch television.	Ich werde (bin im Begriff) fern(zu)sehen ...
I'm going to	listen to the radio.	
I'm going to	telephone.	
I'm going to	telephone very soon.	

Die Zukunft bildet man mit **will** und **shall**:

I shall[1)]	arrive in London at ten.	Ich werde in London um zehn ankommen.
You will		
He will		
She will		
We shall[1)]		
You will		
They will		

Die verkürzten Formen für die Zukunft:

I'll *(Ich werde ...)*	**I won't**		*(Ich werde nicht ankommen ...)*
You'll	You won't		
He'll	He won't	arrive.	
We'll	We won't		
They'll	They won't		

Bedingungsform

I **should**[1)] come ...	Ich würde kommen ...
You **would** come ...	
He **would** come ...	
She **would** come ...	
It **would** come ...	
We **should**[1)] come ...	
You **would** come ...	
They **would** come ...	

1) In der Umgangssprache verwendet man bei allen Personen „would" bzw. „will": I would come ... I will come ...

Passiv

I am	asked
I am	praised
he is	criticized
she is	admired

ich werde	gefragt
ich werde	gelobt
er wird	kritisiert
sie wird	bewundert

I was	asked	**by** him.
He was	praised	by her.
She was	criticized	by Peter.
We were	admired.	

Ich wurde	**von** ihm	gefragt.
Er wurde	von ihr	gelobt.
Sie wurde	von Peter	kritisiert.
Wir wurden		bewundert.

△ In der Passivform heißt „von" **by**.

- Das Passiv wird oft gebraucht, um das unpersönliche **„man"** auszudrücken:

man fragt mich	=	ich werde gefragt	= **I am asked**
man fragt ihn		er wird gefragt	he is asked
man fragt uns		wir werden gefragt	we are asked
man fragte mich	=	ich wurde gefragt	I was asked
man hat mich gefragt		ich bin gefragt worden	I have been asked
man hatte mich gefragt		ich war gefragt worden	I had been asked

Eine häufige Redewendung:

I am told = man sagt (erzählt) mir
I was told = man sagte (erzählte) mir

10. UNREGELMÄSSIGE VERBEN

Sie wissen bereits, dass einige wichtige englische Zeitwörter unregelmäßig abgewandelt werden. Ein großer Teil dieser Zeitwörter ist bereits in den Gesprächen und Sprechtafeln enthalten. Was Sie zum Sprechen brauchen, haben Sie damit bereits gelernt. Zum schnellen Nachschauen geben wir Ihnen hier eine Liste der wichtigsten unregelmäßigen Zeitwörter.

In der Liste stehen von jedem Verb drei Formen:

give *Infinitiv oder Nennform*
Davon können Sie die Gegenwart ableiten:
I give (gebe), you give, he gives usw.

gave *Imperfekt oder erste Vergangenheit*
I gave *(gab)*, you gave, he gave usw. – bei allen Personen gleich.

given *Partizip Perfekt oder Mittelwort der Vergangenheit zur Bildung der zusammengesetzten Vergangenheit (Perfekt):*
I have given *(ich habe gegeben)*, you have given, he has given usw. und *Plusquamperfekt:*
I had given ...

Infinitiv	Imperfekt	Partizip Perfekt	
arise	arose	arisen	aufstehen, sich erheben
awake	awoke	awoke	erwachen
		awaked	erwecken
bear	bore	borne	tragen
		born	gebären
beat	beat	beaten	schlagen
become	became	become	werden
begin	began	begun	beginnen
behold	beheld	beheld	erblicken
blow	blew	blown	blasen
break	broke	broken	brechen
bring	brought	brought	bringen
build	built	built	bauen
buy	bought	bought	kaufen
catch	caught	caught	fangen
choose	chose	chosen	wählen
come	came	come	kommen
cost	cost	cost	kosten
do	did	done	tun
draw	drew	drawn	ziehen, zeichnen
dream	dreamed	dreamed	träumen
	dreamt	dreamt	
drink	drank	drunk	trinken
drive	drove	driven	fahren, treiben
dwell	dwelt	dwelt	wohnen
eat	ate	eaten	essen
fall	fell	fallen	fallen
feed	fed	fed	füttern, nähren
feel	felt	felt	fühlen
fight	fought	fought	kämpfen
find	found	found	finden
fly	flew	flown	fliegen
forbid	forbade	forbidden	verbieten
forget	forgot	forgotten	vergessen
freeze	froze	frozen	frieren
get	got	got	bekommen, erlangen
give	gave	given	geben
go	went	gone	gehen
grow	grew	grown	wachsen

hang	hung	hung	hängen
hear	heard	heard	hören
hide	hid	hidden	verbergen
hit	hit	hit	treffen
hold	held	held	halten
hurt	hurt	hurt	verletzen
keep	kept	kept	halten, behalten
know	knew	known	wissen, kennen
lay	laid	laid	legen
lead	led	led	leiten, führen
leave	left	left	verlassen, hinterlassen
lend	lent	lent	leihen
let	let	let	lassen, vermieten
lie	lay	lain	liegen
light	lit	lit	anzünden
lose	lost	lost	verlieren
make	made	made	machen
mean	meant	meant	bedeuten, meinen
meet	met	met	begegnen, treffen
pay	paid	paid	zahlen, bezahlen
put	put	put	setzen, stellen, legen
read	read	read	lesen
ride	rode	ridden	reiten, fahren
ring	rang	rung	läuten
rise	rose	risen	aufstehen, sich erheben
run	ran	run	laufen
say	said	said	sagen
see	saw	seen	sehen
seek	sought	sought	suchen
sell	sold	sold	verkaufen
send	sent	sent	senden, schicken
shake	shook	shaken	schütteln
shine	shone	shone	scheinen, leuchten
shoot	shot	shot	schießen
show	showed	shown	zeigen
shut	shut	shut	schließen
sing	sang	sung	singen
sit	sat	sat	sitzen
sleep	slept	slept	schlafen
smell	smelt	smelt	riechen

speak	spoke	spoken	sprechen
spell	spelt	spelt	buchstabieren
spend	spent	spent	ausgeben, verbringen
stand	stood	stood	stehen
steal	stole	stolen	stehlen
strike	struck	struck	schlagen, auffallen
sweep	swept	swept	fegen
swim	swam	swum	schwimmen
take	took	taken	nehmen
teach	taught	taught	lehren
tear	tore	torn	zerreißen
tell	told	told	erzählen, sagen
think	thought	thought	denken
throw	threw	thrown	werfen
understand	understood	understood	verstehen
wear	wore	worn	tragen
weave	wove	woven	weben
weep	wept	wept	weinen
win	won	won	gewinnen
wind	wound	wound	winden, sich schlängeln
write	wrote	written	schreiben

11. UNVOLLSTÄNDIGE VERBEN

Die „Unvollständigen“ verfügen nur über eine oder zwei Zeitformen; die übrigen Formen müssen durch andere Verben ersetzt werden.

Können – dürfen – müssen

I **can**	ich kann
I **may**	ich darf, ich kann, ich mag
I **must**	ich muss

Gegenwart:

I	**can**	**may**	**must**
you	can	may	must
he, she, it	can	may	must
we	can	may	must
they	can	may	must
	can I?	may I?	must I?
	can you?	may you?	must you?
	can he?	may he?	must he?
	usw.	usw.	usw.
	I cannot	I may not	I must not
	usw.	usw.	usw.

Vergangenheit:

I could	I might	I must
usw.	usw.	usw.
could I?	might I?	must I?
usw.	usw.	usw.
I could not	I might not	I must not
usw.	usw.	usw.

Und hier sind die Ersatzformen:

Für **can** nimmt man	to be able to ... = *(imstande sein)*, können.
ich kann ...	= I can *oder* I am able to ...
ich konnte ...	= I could *oder* I was able to ...
ich werde können ...	= I'll be able to ...

Für **must** nimmt man	to have to
ich muss ...	= I must *oder* I have to ...
ich musste ...	= I must *(selten gebraucht)*, I had to ...
ich werde müssen ...	= I'll have to ...

Für **may** nimmt man	to be allowed to = *(erlaubt sein)* dürfen.
ich darf ...	= I may *oder* I am allowed to ...
ich durfte ...	= I was allowed to ...
	„I might“ drückt die Möglichkeit aus und heißt „könnte“.
ich werde dürfen ...	= I'll be allowed to ...

Beachten Sie besonders:

- **May** kann auch die Möglichkeit ausdrücken:
  This story may be true.
  Diese Geschichte (mag) kann wahr sein.
- **Might** und **might not** drücken ebenfalls die Möglichkeit aus, niemals aber die Erlaubnis:
  She might be right.
  Sie könnte Recht haben.

Sollen

I You He, she, it We You They	shall	go.	Ich soll (werde) gehen.

Im modernen Sprachgebrauch wird **„shall"** meist durch **„to be to"** ersetzt:
I am to do it.
Ich soll es tun.

Vergangenheit von **„shall"** ist **„should"**:
You shouldn't walk on the grass.
Du solltest nicht auf dem Rasen gehen.

I ought to ...	Ich sollte wirklich ...
He **ought to** do his work.	Er sollte aber wirklich seine Arbeit machen.
We **oughtn't to** spend so much money.	Wir sollten wirklich nicht so viel Geld ausgeben.
You **ought to** tell the truth.	Du solltest wirklich die Wahrheit sagen.

12. REFLEXIVE VERBEN (RÜCKBEZÜGLICHE ZEITWÖRTER)

Eines der wenigen reflexiven Verben im Englischen ist: **to enjoy oneself** (sich amüsieren, sich unterhalten):

I	enjoy	**myself** ...	Ich unterhalte mich ...
You	enjoy	yourself ...	
He	enjoys	himself ...	
She	enjoys	herself ...	
We	enjoy	**ourselves** ...	Wir unterhalten uns ...
You	enjoy	yourselves ...	
They	enjoy	themselves ...	

Beachten Sie besonders: myself – ourselves

Beispiele für Verben, die im Deutschen reflexiv sind, im Englischen aber nicht:

to wash to dress	**sich** waschen **sich** anziehen	We wash and dress.	Wir waschen **uns** und ziehen **uns** an.
to shave	**sich** rasieren	I shave.	Ich rasiere **mich.**
to remember	**sich** erinnern	I remember that day very clearly.	Ich erinnere **mich** sehr deutlich an jenen Tag.
to approach	**sich** nähern	I approach the house.	Ich nähere **mich** dem Haus.
to change	**sich** ändern	The weather will certainly change soon.	Das Wetter wird **sich** sicher bald ändern.
to refer to	**sich** beziehen auf	I refer to your letter.	Ich beziehe **mich** auf Ihren Brief.
to sit down	**sich** setzen	We sit down under a chestnut tree.	Wir setzen **uns** unter einen Kastanienbaum.

Lösungen zu den Testaufgaben

Lösung Test von Seite 56

a families	b addresses	c boys
ladies	watches	plays
babies	buses	ways
stories	wishes	days

Lösung Test von Seite 75

Have you got a book about London?	Yes, I have (got).
Have you got a map of the town?	No, I haven't (got).
Have you got a time table?	No, I haven't (got).

I've got, you've got, he's got, she's got, we've got, you've got, they've got
I haven't got, you haven't got, he hasn't got, she hasn't got, we haven't got, they haven't got

Lösung Test von Seite 82

a portion of chips
a bottle of milk
two cups of coffee
a glass of beer
a bottle of wine

Lösung Test von Seite 102

1 I don't live in London.
2 I don't like tea.
3 He doesn't like cowboy movies.
4 We don't like coffee.
5 I don't speak English and German.
6 Diana doesn't speak Italian.
7 She doesn't love Peter.
8 I don't love Helen.

Natürlich ist es auch richtig, wenn Sie für **don't** *do not* und für **doesn't** *does not* geschrieben haben.

Lösung Test von Seite 119

R	A	G	A	O	S
A	G	R	E	B	L
B	R	E	D	L	I
L	O	E	E	A	S
U	K	N	O	C	T
E	S	A	S	K	O

Lösung Test von Seite 123

3–6–2–5–4–8–10–9–7–1

I have worked, you have worked, he has worked, she has worked, we have worked, you have worked, they have worked

I have been, you have been, he has been, she has been, we have been, they have been

Lösung Test von Seite 128

fish	meat	vegetables
crayfish	mutton	cauliflower
trout	beef	French beans
oysters	pork chop	carrots
lobster	veal	peas
pike	lamb	aubergine
sardines	escalope	spinach
codfish	ham	artichokes

Lösung Test von Seite 154

ARRIVALS/DEPARTURES

BRITISH RAIL

COFFEE BAR

TICKET OFFICE

UNDERGROUND

LEFT LUGGAGE OFFICE

TIMETABLE

WAITING ROOM